Gregor Tischler · *Religion – was soll's?*

Gregor Tischler

Religion – was soll's?

Weiterfragen lohnt sich!

Kösel

Textnachweis

13, 53, 62, 101, 109 Aus: Rose Ausländer, Ich höre das Herz des Oleanders. Gedichte 1977-1979. (c) 1984 S. Fischer Verlag GmbH, Frankfurt am Main - 21, 25, 56 Aus: Bertolt Brecht, Gesammelte Werke. (c) Suhrkamp Verlag, Frankfurt am Main 1967 - 37/38 Aus: Jörg Zink, Die Welt hat noch eine Zukunft. Eine Anregung zum Gespräch. Kreuz Verlag, Stuttgart 1973 - 67 Aus: Konstantin Wecker, Lieder und Gedichte. Franz Ehrenwirth Verlag, München 1981 - 71 Aus: Erich Fried, und vietnam und. Gedichte. Klaus Wagenbach Verlag, Berlin 1966 - 82, 114, 153 Aus: Else Lasker-Schüler, Gesammelte Werke in 3 Bänden. Bd. 1: Gedichte 1902-1943. Hrsg. v. F. Kemp. Kösel-Verlag, München ^{4}1990 - 89 Aus: Rudolf Bohren, Texte zum Weiterbeten. Versuche anzufangen. Verlag Herder, Freiburg 1988 - 132 (c) Alwin Kunz - 142 Aus: Der Narr, Lebensweisheiten in Parabeln. Walter-Verlag, Olten 1975 - 157 Aus: Nelly Sachs, Fahrt ins Staublose. (c) Suhrkamp Verlag, Frankfurt am Main 1961 - 160 Aus: Rose Ausländer, Einverständnis. Gedichte. Pfaffenweiler Presse, Pfaffenweiler 1980

ISBN 3-466-36336-5

Druck und Bindung: Kösel, Kempten
Umschlaggestaltung: Bine Cordes, Weyarn
Umschlagfoto: Jochen Manz, Dortmund

1 2 3 4 5 · 95 94 93 92 91

Inhalt

Ich komm, weiß nit woher
Ich bin und weiß nit wer,
Ich leb, weiß nit wie lang,
Ich sterb und weiß nit wann,
Ich fahr, weiß nit wohin:
Mich wunderts, daß ich fröhlich bin.

Hans Thoma

Zur Einführung

Nicht wissen wohin: Wen überkäme dieses Gefühl nicht von Zeit zu Zeit und um so häufiger, je öfter er nachzudenken beginnt? Wir schalten das Fernsehgerät ein – und schon die Tagesschau würde uns verwirrt zurücklassen, wenn wir die Meldungen nur zu Ende denken wollten: Was wird aus dem Ostblock, was aus der Weltwirtschaft? Wohin treibt der politische Islam? Und dann der Regenwald und das Ozonloch, die verseuchten Meere, Überbevölkerung, Armut, Hunger und und und!

Früher, ja, da schien alles noch einigermaßen übersichtlich. Zukunft? Warum hätte man nicht mit Optimismus auf sie blicken sollen? Es würde bestimmt alles besser werden, dafür sorgte doch schon der technische Fortschritt! Und heute? Lieber gar nicht zu grübeln beginnen, wer weiß schon, was in 50 Jahren sein wird?

Was soll überhaupt das viele Fragen, wird man da nicht trübsinnig? Don't worry, be happy! Also lieber die Gegenwart genießen, solange es noch geht. Ablenkung, Annehmlichkeiten gibt es ja, Gott(?) sei Dank, genug. Walkman ins Ohr und die neue Motorradpolitur ausprobieren! Lebe jetzt – zahle später! Handeln so nicht auch Politiker und Wirtschaftsbosse?

Nur, das mit der Ablenkung, das klappt auch nicht immer. Sorgen, Schicksalsschläge gar, lassen sich nicht einfach betäuben. Und irgendwann kommt auch die Langeweile. Und die lästige Frage: Was soll das Ganze? Man empfindet das Bedürfnis nach Selbständigkeit und Selbstverwirklichung. Das verlangt einfach ein wenig Nachdenken. Ein wenig? Man kommt an kein Ende damit! Sicher, bei Selbstverwirklichung, da meint man zunächst nur: leben nach eigenem Gusto, sich nichts dreinreden lassen. Aber geht das wirklich auf Dauer? Immer redet uns doch irgendwer drein, die Lehrer in der Schule, der Chef am Arbeitsplatz, die Politiker, die Werbung, die Freundin oder der Freund, die Familie ... Natürlich, fast alles kann man sich kaufen, kann herumreisen – und findet doch nicht so recht, was man sucht. Was sucht man, was suche ich überhaupt?

Einverstanden, das Materielle ist nicht alles. Geborgenheit und Zärtlichkeit und Liebe, das braucht man viel notwendiger. Und etwas, wofür sich zu leben lohnt, etwas, was trägt über Ängste und Sorgen, über Enttäuschungen, Krankheit und Trauer hinweg. Aber was ist es, was trägt?

Wie gerne hätte man die Fragen, die irgendwann über einen kommen, verdrängt: Gibt es eine höhere Gerechtigkeit, gibt es etwas über den Tod hinaus? Was ist überhaupt Wahrheit? Lohnt es sich denn, anständig bleiben zu wollen? Wo kommen wir her, wo gehen wir hin? Was wird einmal bleiben? So viele Fragen!

Und so viele Antworten! Früher freilich, da war die Kirche für derlei zuständig. Irgendwie gab sie (trotz ihrer unangenehmen Forderungen) eine gewisse Sicherheit. Man wußte wohin. Wozu sind wir auf Erden? Um die ewige Seligkeit zu erlangen: So stand es noch in meinem Katechismus.

Heute hingegen? Kirche und Glaube – etwas zum Naserümpfen. Da gab es doch die Kreuzzüge und Hexenprozesse, die Scheiterhaufen und das päpstliche Pillenverbot! Und kann man wirklich an solche Dogmen glauben wie Auferstehung des Gekreuzigten, Jungfrauengeburt, Dreifaltigkeit? Und erst die Bibel mit ihren Geschichten von Adams Rippe, dem Paradies, der Sintflut, der Brotvermehrung und so weiter, und so fort! Muß man, um so etwas zu glauben, nicht ein »Armer im Geist« oder Sektierer sein?

Nur: »Irgend etwas Höheres muß es schon geben. So aus dem Nichts kann ja die Welt nicht entstanden sein. Und einen Sinn braucht das Ganze doch auch, sonst könnte man sich ja gleich einen Strick ...« Halt! Da gibt es doch einen ganzen Supermarkt der Angebote, man braucht nur zuzugreifen! Alles individuell auszuprobieren! Joga und Zen bietet das Volkshochschulprogramm, Meditation ebenso (ist echt gut gegen den Streß!); Esoterik und New Age, da quellen die Regale beim Buchhändler über. Reinkarnation, Okkultismus, Astrologie, Schamanismus … Höhere Weisheiten, wohin man blickt.

Welche davon aber ist wahr? Kann man sich wirklich ganz nach Vorliebe sein eigenes Orientierungssystem zusammenzimmern? Besteht da nicht auch die Gefahr des Aussteigens, eines Ausstiegs nach innen – und die wirklichen Probleme bleiben draußen und werden größer und größer?

Dieses Buch möchte auf der Suche nach Orientierung durch all diese Fragen hindurch begleiten, schließlich aber auch zeigen, daß das christliche Angebot vielleicht doch tragen könnte. Möglicherweise lag das Problem ja bisher nur daran, daß man nicht recht wußte, was dieses Angebot überhaupt konkret, im einzelnen, beinhaltet. Vielleicht stand man ihm nur deshalb reserviert oder ablehnend gegenüber. Oder man hält sich durchaus für »christlich«, »irgendwie« christlich, aber kann mit vielem im Christentum nichts rechtes anfangen – z.B. mit einem Satz wie: »Christus ist für unsere Sünden gestorben«.

Dieses Buch besteht eigentlich aus zweien, die ineinander verwoben sind. Jedes Kapitel beginnt nämlich mit einer Fortsetzungsgeschichte. Sie handelt von jungen Erwachsenen, die sich mehrmals treffen und dabei über Gott und die Welt streiten. Der zweite Teil eines jeden Kapitels versucht dann, die angeschnittenen Themen zu durchleuchten. Da dieser Teil, für sich alleine gelesen, vielleicht ein wenig ermüdend wirken könnte (schon der gedrängten Darstellung wegen), schien eine ausführlichere Hinführung angebracht, die Interesse wecken, aufmerksam machen und die Lust am Weiterlesen fördern sollte.

Wenn ich sage, die Fortsetzungsgeschichte sei erfunden, so ist sie dennoch in einem tieferen Sinne wahr: Alle darin geäußerten Fragen und Ansichten habe ich selbst sinngemäß in vielen persönlichen Gesprächen mit Jugendlichen und Erwachsenen gehört und mich mit ihnen auseinandergesetzt. Manches darunter wird auch den Leserinnen und Lesern in der einen oder anderen Weise vertraut vorkommen.

Vielen habe ich zu danken, daß das Buch in dieser Form entstehen konnte. Vor allem sind es meine Schülerinnen und Schüler, die mich über mehr als eineinhalb Jahrzehnte mit ihren Anfragen und Antworten zwangen, eigene Vorstellungen stets neu zu überdenken. Ebenso verdanke ich vieles den Teilnehmern meiner Volkshochschulkurse, vieles den Gesprächen mit Bekannten und Freunden. Einige darf und muß ich namentlich nennen: meine Kollegin *Gisela Renelt*, die bei der Auswahl literarischer Texte half; *Jörg Eyrainer* für die Beratung über griechische Philosophie; die sechs Abiturientinnen *Martina Fleischer*, *Kristina Häusler*, *Simone Reiter*, *Liane Sammer*, *Sandra Schallau* und *Sabine Würth*, die vor allem den erzählenden Teil des Buches kritisch unter die Lupe nahmen; meinen Lektor *Winfried Nonhoff*, der mich zu diesem Buch anspornte und seine Entstehung fachkundig begleitete. Ganz besonders aber danke ich *Loredana*, meiner Frau, die mir mit ihrer ganzen Kraft, mit Geduld, Verständnis und Ermutigung zur Seite stand.

Oktober 1990 *Gregor Tischler*

Ein bißchen

Wir haben
gegessen getrunken
bewundert protestiert
die Sterne bestaunt
ein paar Menschen geliebt

Wir haben
ein bißchen gelebt

Wir leben noch
ein bißchen

Rose Ausländer

1

Eine denkwürdige Geburtstagsparty

Danielas 22. Geburtstag Ende Oktober sollte ein besonderes Fest werden. Zwei Jahre waren schon wieder vergangen seit dem Abitur, und ihre ehemalige Clique war seitdem nie mehr richtig zusammengekommen. Weil die Kleinstadt keine Hochschule besaß, waren die einen zum Studium weggezogen, jobbten an ihren neuen Wohnorten oft auch die Ferienzeit über oder fuhren gleich von dort in den Urlaub. Die anderen waren durch ihre Berufsausbildung beansprucht. So blieben meist nur die Wochenenden zu flüchtigen Begegnungen, falls die eine oder der andere aus der Clique nach Hause kam.
Aber diesmal hatte Daniela frühzeitig vorgebaut. Schon Monate vor ihrem Geburtstag hatte sie angefangen, ihre Party zu organisieren, hatte herumtelefoniert, Einladungen ausgesprochen oder verschickt – und so war auch von fast allen eine Zusage für diesen Samstag gekommen.
Um 19 Uhr sollte es losgehen. Schon mittags kreuzte Martina, Danielas engste Freundin aus der Schulzeit, mit ihrer Schwester Petra auf, um bei der Vorbereitung zu helfen. Daniela hatte ein großes kaltes Büfett geplant, das nun im Partykeller des elterlichen Reihenhauses aufzubauen war. (Da es wohl etwas laut werden würde, waren Danielas Eltern, die die jungen Leute, wie sie sagten, lieber unter sich sein ließen, schon tags zuvor zu Freunden in den Schwarzwald gefahren, was Daniela nur recht war.)
Martina, die in einer größeren Stadt, gut 100 km entfernt, Betriebswirtschaft studierte, nahm sich dieses Wochenende ganz für ihre Freundin Zeit, bevor es am Montag mit dem vierten Semester losgehen würde. Ihre Schwester Petra indes ging noch auf das

Gymnasium und stand wenige Monate vor dem Abitur. Obwohl sie gerade arg über ihrer Facharbeit schwitzte, wollte sie doch bei Danielas Party mithelfen. Daniela wiederum war frei von allen Prüfungssorgen, hatte sie doch nach dem Abitur (und längerem Überlegen) auf das ursprünglich ins Auge gefaßte Biologiestudium verzichtet und das verlockende Stellenangebot einer ortsansässigen Bank angenommen. Bisher bereute sie dies nicht. Zudem hatte sie dabei ihren jetzigen Freund Walter kennengelernt, der dort schon lange (seit der mittleren Reife) beschäftigt war und es dank seiner Tüchtigkeit und trotz seiner erst 27 Jahre schon ziemlich weit gebracht hatte. Walter kam übrigens erst später; freilich hatte er schon am Vormittag die meisten Zutaten des Büfetts besorgt.
Etwa um sieben Uhr trafen in kurzen Abständen die übrigen ein. Zuerst kam Helga, die ebenfalls auf ein Studium verzichtet und die Inspektorinnenlaufbahn eingeschlagen hatte. Gunther war der nächste. Er begann gerade mit dem Psychologiestudium in der nahegelegenen Universitätsstadt. Wegen des erst vor kurzem beendeten Wehrersatzdienstes war er gegenüber seinem Freund Siggi, der am selben Ort Jura studierte, ein Semester in Rückstand. Dieser klingelte gleich danach, in Händen einen großen Karton spanischen Sekt. Kaum waren beide begrüßt, als Simone (mit einer riesigen Blumenschale) eintraf. Sie war allerdings ohne ihren Freund Christian gekommen, der in letzter Minute absagen mußte. Beide studierten (leider sehr weit von Simones Heimatort entfernt) an einer sehr beliebten Universität Theologie: Sie seit drei Semestern katholische, er schon seit sechs evangelische. Im Sommer hatten sie eine gemeinsame Wohnung bezogen. (Auch ihr zweites Studienfach, Germanistik, hatten sie gemeinsam.) Daß Simone extra für sie so weit angereist war, freute Daniela ganz besonders.
Nun fehlte nur noch Philipp. Daniela hatte auch ihn eingeladen, obwohl er sich in der Runde vielleicht nicht ganz wohl fühlen würde: Als einziger der Clique hatte er das Gymnasium nicht geschafft, jedoch einen Job in einem großen Elektronikgeschäft gefunden. Nun suchte er aber eine Stelle in der Computerbranche. Philipp traf schließlich mit seiner neuen Freundin Sandra ein, die eine Lehre im selben Betrieb machte. Offensichtlich fühlte er sich mit ihr zusam-

men sicherer. Daniela nahm die zahlreichen hübschen Geschenke entgegen, wurde von links und rechts abgeküßt und als Geburtstagskind gefeiert. Die Stimmung war gut, alle waren ein wenig aufgedreht, schließlich hatte man sich in solcher Vollzähligkeit lange nicht mehr gesehen. Es gab viel zu fragen und zu erzählen, so daß die Musik leise gedreht werden mußte. Am Büfett griff man eifrig zu, und im Nu ging es auf 11 Uhr.

Ungefähr von diesem Zeitpunkt an – später wußte man nicht mehr genau, wie alles gekommen war – nahm der Abend einen denkwürdigen Verlauf. Irgendwann war Siggi mit Simone in Streit geraten. Er war vor kurzem aus der Kirche ausgetreten, aus Protest gegen ihre »Sauereien«, wie er es nannte. Schon in der Schulzeit war er im Religionsunterricht mit seiner kämpferischen Kirchenkritik aufgefallen (obwohl er fast immer beste Noten erzielte – seiner geschliffenen Argumentation wegen). Dabei war er aber auch kein Atheist; er sah sich vielmehr als Agnostiker, als einer, der die Frage nach der Existenz Gottes offen läßt.

Provozierend nahm Siggi Simones Theologiestudium aufs Korn. Er könne nicht verstehen, wie sich jemand nach all den Ereignissen der jüngsten Zeit noch für die katholische Kirche engagieren könne! Zur Untermauerung seiner Ansicht führte er alles mögliche an, was ihm an ihr mißfiel, angefangen von deren rigorosen Einstellung zur Geburtenkontrolle (»Ein Verbrechen angesichts der Überbevölkerung!« rief er so laut, daß auch die übrigen aufmerksam wurden) bis hin zu den jüngsten Bischofsernennungen. »Und gerade du als Frau willst da mitmachen, wo seit 2000 Jahren Frauen rechtlos sind! Oder willst du vielleicht Bischöfin werden?«

Bevor Simone antworten konnte, mischte sich Martina ein: »Sei doch nicht so aggressiv gegen Simone! Theologie und Kirche – das ist doch nicht dasselbe! Und was ist mit dir und deinem Jurastudium? Juristen stehen ja auch nicht gerade in bestem Ruf!«

Das saß. Doch da nahm Simone Siggi beinahe in Schutz: »Du hast ja recht. Alles, was du an der Amtskirche kritisierst, ärgert mich doch auch. Aber für mich sind Christentum und Amtskirche zwei verschiedene Dinge. Zur Kirche gehöre ich auch, obwohl ich mit denen da oben oft nicht einverstanden bin. Aber Glaube und Ethik,

z.B. die Bergpredigt, das alles finde ich eben auch so richtig nur in der Kirche. Außerdem kann ich einmal als Religionslehrerin auch dazu beitragen, daß sich in der Kirche etwas ändert, wenn auch nur ganz unten.«
Genau auf dieses Argument schien Siggi nur gewartet zu haben. »Na, viel Glück! Das wirst du auch brauchen.« Dann kramte er seinen Geldbeutel aus der Hosentasche und entnahm ihm einen sorgfältig zusammengelegten Zettel. Es war ein Zeitungsausschnitt, den er offenbar eigens für diesen Abend mitgebracht hatte, um ihn Simone unter die Nase zu halten. Inzwischen waren alle still geworden, um der Auseinandersetzung zuzuhören, während Siggi vorlas (vgl. SZ v. 27.5.1988):
»Gericht billigt Entlassung einer Religionslehrerin. Das Bundesarbeitsgericht in Kassel hat die Entlassung einer katholischen Religionslehrerin aus Hauzenberg (Niederbayern) durch den Bischof der Diözese Passau für rechtmäßig erklärt, weil die Frau durch ihre Heirat mit einem geschiedenen Katholiken gegen die Sittenlehre der katholischen Kirche verstoßen habe... Der Ehemann der Lehrerin war nur nach dem bürgerlichen Gesetz, aber nicht nach dem Kirchenrecht von seiner ersten Frau geschieden worden. Die Anwältin der Klägerin beschrieb vor dem Bundesarbeitsgericht noch einmal die Gewissensnot, in der sich ihre Mandantin befunden habe. Sie erwartete nämlich ein Kind von ihrem künftigen Mann und stand vor der Wahl, entweder ein uneheliches Kind zu bekommen oder eine der Kirche nicht genehme Ehe einzugehen. Nach der Entlassung durch die Kirche stehe sie vor dem Nichts, weil es für sie keine andere Möglichkeit gäbe, ihren Beruf auszuüben. Ihr Mann ist Frührentner.«
Nach einer kurzen Pause fügte Siggi hinzu: »Ein toller Pluspunkt für die Religion der Liebe, oder? Weil die Frau den Vater ihres Kindes heiratet, fliegt sie aus dem Dienst. Sehr glaubwürdig, deine heilige katholische Kirche!«
Plötzlich mischte sich Petra ein. Sie war Mitglied in einem Liturgiekreis, der zahlreiche Jugendgottesdienste in der Stadt organisierte, und überhaupt sehr engagiert. So war sie fast immer zur Stelle, wenn es um eine kirchliche Aktion ging, sei es eine Weih-

nachtsfeier im städtischen Altersheim, eine Caritassammlung oder eine Dritte-Welt-Ausstellung. »Ich finde das gemein, daß du Glauben und Kirche so in den Schmutz ziehst! Du siehst überhaupt nicht das viele Gute. Nimm z.B. den ganzen sozialen Bereich, Krankenpflege, Kindergärten usw.! Oder schau dir einmal nur unseren Jugendpfarrer an: Zu dem kann jeder mit seinen Problemen kommen, Tag und Nacht, wenn es sein muß, eben weil er das mit der Nächstenliebe ernst nimmt.«

Petra redete sich in Rage, und so sahen sich bald auch die übrigen veranlaßt, Stellung zu nehmen. Spontan bildeten sich kleine Gesprächsgruppen, aber es ging so durcheinander, daß man kaum mehr ein Wort verstand. Da ergriff Gunther ganz laut Partei für Siggi. Er las derzeit zufällig an einem dicken Schmöker, in dem mehr oder weniger alle düsteren Kapitel der Kirchengeschichte detailliert aufgeführt waren. So konnte er reichlich aus dem Gedächtnis zitieren; er fing bei Judenverfolgungen an, sprach von den Kreuzzügen und kam dann zu Inquisition und Hexenverbrennungen. »Das ist auch der Grund«, fügte er hinzu, »weshalb ich dem jetzigen Christentum keine Chance mehr gebe. In anderen Religionen, z.B. im Buddhismus, ist das ganz anders: mehr Offenheit, Toleranz und so. Sicher, die Idee des Christentums ist an sich schon gut, aber was man aus Jesus gemacht hat, das schreit zum Himmel! Ich glaube, es ist Zeit, daß sich die Religionen insgesamt einigen, nicht so stur bleiben und nur sich selbst für wahr halten.«

Zustimmendes Gemurmel ließ sich vernehmen. Daniela und Helga, die eigentlich nur wenig an religiösen Fragen interessiert waren, fanden Gunthers Ansicht sehr sympathisch. Philipp meinte lapidar, ein jeder solle doch nach seiner eigenen Vorstellung selig werden, wozu Sandra, seine Freundin, beifällig nickte. Walter, auch er ziemlich kirchenkritisch eingestellt (er war vor einiger Zeit aus der evangelischen Kirche ausgetreten), trug noch ein paar Stichpunkte bei, z.B. Martin Luthers Aufforderung, die Synagogen niederzubrennen, worauf sich sogar die Nazis in der Reichspogromnacht berufen hätten. Zwar wollte Petra auf all diese Vorwürfe irgendwie antworten, ihr fehlten aber einfach die geschichtlichen Fakten.

Aber dann kam doch noch Simone zu Wort. Zunächst verteidigte sie ihren Standpunkt, daß der Glaube als solcher und die christliche Ethik nicht deshalb unwahr oder ungültig würden, weil Leute, die sich Christen nennen, all dem zuwider handelten. Dann führte sie manche helleren Kapitel der Kirchengeschichte an (wofür ihr Petra besonders dankbar war), z.B. die Bettelorden des Mittelalters und Heilige wie Franziskus oder Don Bosco. Sie erklärte, daß Klöster lange Zeit die eigentlichen Kulturbringer und die mittelalterlichen Hospitäler die Vorläufer der modernen Krankenhäuser gewesen seien. »Und warum glaubst du, Gunther, hat sich das Christentum im Römischen Reich trotz grausamster Verfolgungen durchgesetzt? Das war nicht erst der Kaiser Konstantin, das waren eben z.B. die Sozialfürsorge – so würde man heute sagen – und der Glaube an ein ewiges Leben, was die Leute damals begeistert und überzeugt hat. Oder schau doch, was jetzt gerade im Ostblock passiert, in Polen oder in der DDR: Da war doch die Kirche in der ersten Reihe, wenn es um Freiheit und Menschenrechte ging, trotz – nein wegen aller Unterdrückung! Und in Südamerika ist es ganz ähnlich!«
Heiß ging es her, und fast allen war es auch heiß geworden. Längst war Mitternacht vorüber, doch die Meinungen waren noch lange nicht ausdiskutiert. Philipp und Sandra lösten ganz unabsichtlich die Spannung, als sie sich als erste verabschieden wollten. Daniela hatte aber – mit Blick auf das noch lange nicht leere Büfett und im Gedanken an die schon vorbereitete, aber im Eifer des Gefechts doch nicht aufgetischte mexikanische Bohnensuppe (keiner mehr hatte großen Hunger) – die glänzende Idee, alle sollten sich zu Mittag wieder einfinden, um die reichlichen Reste zu verzehren. »Dann könnt ihr alle weiterdiskutieren. Aber jetzt machen wir doch noch ein bißchen Musik, wir haben noch gar nicht getanzt, und dabei ist mein Geburtstag schon vorbei!«
Nach gutem Zureden blieben auch Philipp und Sandra noch eine Weile. Aber obwohl alle dem Geburtstagskind zuliebe nachgaben – die rechte Stimmung wollte sich nicht mehr einstellen. Nach und nach begann man nun doch aufzubrechen, versprach aber (mit Ausnahme von Philipp und Sandra), am frühen Nachmittag wiederzukommen. Nur Walter blieb über Nacht da.

Der Schneider von Ulm

(Ulm 1592)

Bischof, ich kann fliegen
Sagte der Schneider zum Bischof.
Paß auf, wie ich's mach!
Und er stieg mit so 'nen Dingen
Die aussahn wie Schwingen
Auf das große, große Kirchendach.

Der Bischof ging weiter.
Das sind lauter so Lügen
Der Mensch ist kein Vogel
Es wird nie ein Mensch fliegen
Sagte der Bischof vom Schneider.

Der Schneider ist verschieden
Sagten die Leute dem Bischof.
Es war eine Hatz.
Seine Flügel sind zerspellet
Und er liegt zerschellet
Auf dem harten, harten Kirchenplatz.

Die Glocken sollen läuten
Es waren nichts als Lügen
Der Mensch ist kein Vogel
Es wird nie ein Mensch fliegen
Sagte der Bischof den Leuten.

Bertolt Brecht

Zur Sache

Wie sich Tradition selbst ins Wanken bringt

Es stimmt schon: Christsein hat derzeit – zumindest in Westeuropa – kein besonders gutes Image. Innerhalb der evangelischen Kirchen gibt es allerdings recht unterschiedliche Strömungen, die das Gesamtbild etwas undeutlich werden lassen. Starken Zulauf haben auf der einen Seite in jüngster Zeit wieder fundamentalistisch ausgerichtete Gruppierungen, die beanspruchen, die Bibel wortwörtlich zu lesen und zu befolgen und deshalb als einzige die gesamte Wahrheit des Christentums zu vertreten.
Auf der Gegenseite trifft man auf politisch engagierte Gruppen, vor allem in der Friedens- und Ökologiebewegung. Dazwischen aber herrscht Ausdünnung: »Normale« Gottesdienste werden meist nur noch von einer verschwindenden Minderheit regelmäßig besucht; repräsentative Kirchengebäude (vor allem des 19. Jahrhunderts) stehen leer, manchmal sogar zum Verkauf oder Abriß. Bei vielen Pfarrern und Bischöfen schleicht sich das Gefühl ein, immer weniger gefragt und gebraucht zu werden.
Was mögen die Gründe sein? Ist es die Farblosigkeit eines Glaubens, der sich allzusehr auf das bloße »Wort« konzentriert? Sind die Predigten darüber zu offensichtlich auf eine Welt ausgerichtet, die man nicht mehr mit der heutigen gleichsetzt, ist ihr Tonfall zu abstrakt, dem konkreten Alltag entrückt? Ist man vielleicht überhaupt des Predigens überdrüssig? Geht es zu bieder, zu muffig zu – doch auf der anderen Seite wiederum auch zu wenig feierlich, zu wenig erhebend, zu wenig überschwenglich?

Ärgerliches in der katholischen Kirche

Und die katholische Kirche? Sie scheint derzeit förmlich zum Angriff auf sie einzuladen. Was gibt es da nicht alles auszusetzen! Eine Politik der Bischofsernennungen, die selbst die Treuesten noch auf die Barrikaden treibt; die geradezu dogmatisch verhärtete Sexualmoral, die sogar die Gehorsamsten unter den Gläubigen nicht mehr nachvollziehen können – und gerade sie (jedoch nur noch sie) in größte Gewissensnöte treibt; der Ausschluß der Frauen von kirchlichen Ämtern, der auch die klangvollsten Predigten über die Gleichberechtigung und Würde der Frau unglaubwürdig macht; Machtstrukturen, die eher mittelalterlich als neuzeitlich erscheinen; dazu noch der Anspruch der Unfehlbarkeit für das Papstamt, das in der Geschichte alles andere als makellos dasteht; eine Verrechtlichung der Moral, die zu solchen Konsequenzen führt wie der angesprochene Fall der Religionslehrerin, der wegen standesamtlicher Heirat mit einem Geschiedenen fristlos gekündigt wurde. Die Reihe ließe sich fast beliebig fortsetzen.
Dazu kommt eine Vergangenheit, die in vielem dem Anspruch, »heilige« Kirche und »vollkommene Gemeinschaft« zu sein, Hohn spricht. Mag der größte Teil der Bevölkerung auch nur wenig von der Kirchengeschichte kennen – von ihrer dunklen, ganz dunklen Seite hat er bestimmt schon gehört: Kreuzzüge, Scheiterhaufen, Hexenprozesse, Judenpogrome, Ausrottung der Indianer, Galilei … Wie ein roter Faden scheinen sich Intoleranz und Machtgier durch die Geschichte der Kirche zu ziehen.

Dennoch: Liebe bleibt aktuell

Merkwürdig, äußerst merkwürdig, daß eine Religion, deren höchster Anspruch die Liebe ist, bei allzu vielen den Anschein vorherrschender Lieblosigkeit erweckt. Und dabei ist doch Liebe keineswegs aus der Mode gekommen: Wer würde nicht der Behauptung zustimmen, daß nur ein erheblich größeres Maß an Liebe unter den Menschen die Welt vor einer Katastrophe bewahren kann?

Wer wüßte nicht, daß nur Liebe und Geborgenheit lebensfähig, überlebensfähig machen – das kleine Kind ebenso wie den Erwachsenen?
Weltweit ist die Sehnsucht nach Frieden und Menschlichkeit. Aber man sucht sie (zumindest im Westen) kaum noch in der Kirche, sondern lieber ganz woanders: in der privaten Kuschelecke, in einem Verein, einer politischen oder ökologischen Gruppe – oder aber bei Joga und Zenmeditation und in den Bücherregalen für New Age, Esoterik und östliche Spiritualität.

Glaubwürdigkeit durch Eingestehen

Daß die genannten und andere dunkle Seiten ihrer Geschichte in der Kirche selbst kaum erwähnt, geschweige denn aufgearbeitet werden, schlägt für diese in einer Zeit, in der letzte Tabus gebrochen sind, nur noch schlimmer zu Buche. Wie glaubwürdig kann sie noch dastehen, wenn sie einerseits die Verkündigung der Wahrheit, gar Unfehlbarkeit beansprucht, die Wahrheit ihrer eigenen Vergangenheit aber lieber schamvoll verhüllt?
So besteht der erste Schritt, um wieder glaubwürdig zu werden, für die Kirche(n), für das Christentum insgesamt – denn die meisten werden kaum fein säuberlich zwischen Kirche und Glauben trennen – in einem ehrlichen Eingeständnis.

Intoleranz

Ja, es ist wahr, daß sich durch die Geschichte des Christentums eine Blutspur der Intoleranz zieht. Einige Beispiele: »Christlicher« Judenhaß läßt sich bis ins Neue Testament zurückverfolgen. Kirchenväter schon nannten die Juden pauschal »Gottesmörder«. 1215 ordnete das 4. Laterankonzil an, jeder Jude müsse in der Öffentlichkeit einen gelben Fleck am Gewand und eine gehörnte Kappe tragen. Bis in die Neuzeit kam es wiederholt zu grausamsten Massenverfolgungen der angeblichen »Feinde Christi«. Martin

Luther war nicht weniger zimperlich: 1543 verlangte er in seiner Hetzschrift »Von den Juden und ihren Lügen« u.a., man solle die Synagogen anzünden und die Häuser von Juden zerstören. Und so ist es leider auch gekommen, daß sich während der nationalsozialistischen Herrschaft kaum eine christliche Stimme zum Schutz der Juden erhob; viele »Christen«, wie etwa die (evangelischen) »Deutschen Christen« (so nannten sie sich selbst), unterstützten sogar lautstark Hitlers Antisemitismus.
Ja, es ist wahr, daß auch die Christen miteinander oft wenig im Geist der Liebe umgingen. Die grausamen Exzesse mittelalterlicher Inquisition sind hinlänglich bekannt. Besonders heimtückisch erscheint uns dabei dies: Die Kirche richtete selbst keine verurteilten Ketzer hin, sondern lieferte sie »nur« der staatlichen Gewalt aus – diese aber war bei Strafe der Exkommunikation gehalten, das Urteil zu vollstrecken! Allein der spanische Großinquisitor Thomas de Torquemada († 1498) dürfte mehr als zehntausend Menschen lebend auf die Scheiterhaufen geschickt haben.

Es müssen die Christen mit Schrecken
Ihre zehn Gebote verstecken
Sonst hagelt es Prügel und Spott.
Sie können nicht Christen bleiben.
Neue Götter vertreiben
Ihren jüdischen Friedensgott.

Bertolt Brecht

Sexual- und Frauenfeindlichkeit

Und auch dies ist wahr: Infolge einer sexualfeindlichen Grundeinstellung, die zwar nicht bei Jesus selbst, aber in Ansätzen schon bei Paulus erkennbar wird – ihre Wurzeln stammen aus dem Griechen-, nicht dem Judentum –, kam es bald auch zur Minderbewertung der Frau, in der viele Männer die Ursache ihrer eigenen sexuellen Schwäche sahen. Die Kirchenväter Tertullian und Hieronymus nannten sie gar »Pforte des Teufels«, Thomas von Aquin einen »verunglückten Mann«. Von hier aus dürfte bis heute ein verborgener Begründungszusammenhang mit dem Zölibat und dem Ausschluß der Frau von kirchlichen Ämtern bestehen – und mit dem Fall jener Religionslehrerin, die ihren Beruf verlor, auch. Wer Christ sein will, muß all dies (und vieles andere, genauso Empörende) offen und ehrlich eingestehen; er kann sich nicht heimlich davonstehlen oder so tun, als wäre dies alles nur halb so schlimm gewesen. Freilich, die Kirche bestand immer nur aus Menschen, und allzu menschlich, nein unmenschlich ging es oft in ihr zu. Auch die, die sich heute Christen, heute Kirche nennen, sind wiederum nur Menschen – und müssen sich daher ihrer eigenen Unzulänglichkeit und Fehlbarkeit immer bewußt bleiben. Dann erst werden sie – vielleicht – glaubwürdig.

Spuren der Humanität

Glaubwürdig – denn bei all den schlimmen, furchtbaren Kapiteln der Kirchengeschichte ist doch auch dies wahr: Es gibt auch eine Spur der Humanität, der menschlichen Zuwendung und der schöpferischen Kraft in eben dieser Geschichte. Ohne Christentum wäre die Welt heute sicherlich ärmer, viel ärmer sogar. Von Anfang an war z.B. Armen- und Krankenpflege, die in der Antike sonst unbekannt war, ein charakteristisches Merkmal der Christen; nicht zuletzt durch ihre soziale Einstellung faszinierten sie schon früh ihre griechisch-römische Umwelt. Armen nicht zu helfen galt in der Kirche des Mittelalters ähnlich schlimm wie Mord. Fast jedes

Kloster verteilte Armenspeisungen, das Kloster Cluny z.B. mehr als 15 000 im Jahr! Auch auf den Scheiterhaufen vermochte man nicht das Gebot der Nächsten- und Feindesliebe zu vertilgen. Just zur Zeit des 4. Laterankonzils, als unter dem machtbewußten Papst Innozenz III. die Inquisition ihr Unwesen begann, lebte der »Poverello« aus Assisi, Francesco Bernardone, das Ideal eines Christenmenschen: gewaltlos, gütig, in unerschöpflicher Liebe zur gesamten Schöpfung, die ihm Bruder und Schwester war.
Doch auch heute noch gilt: Ohne die hingebungsvolle Arbeit einer namenlosen Zahl von Menschen, die aus christlichem Antrieb leben, würde der gesamte sozial-caritative Bereich unserer Gesellschaft zusammenbrechen. Welche (bislang noch ungeschriebene) Wirkungsgeschichte hat doch dieser eine Satz des Evangeliums: »Was ihr dem Geringsten meiner Brüder (= Mitmenschen) getan habt, das habt ihr mir getan!« (Matthäus 25,40)

Christentum und Kultur

Und überhaupt: Ohne das Christentum keine abendländische Kultur! Mag auch mancher heute diese, entsetzt vor ihren sichtbar gewordenen zerstörerischen Konsequenzen, in Bausch und Bogen verdammen: Ohne ihre Segnungen wird er dennoch nicht leben wollen (vom elektrischen Strom bis zur medizinischen Versorgung). Lange Jahrhunderte waren es einzig die Klöster, die die Flamme der kulturellen Kraft am Weiterglühen hielten, indem sie einer barbarischen Umwelt die Reste des antiken Geisteserbes und die Worte der Bergpredigt überbrachten.
Mehr noch: Ohne Christentum und seine Wirkungsgeschichte auch kein Michelangelo, kein J.S. Bach, keine Sixtinische Kapelle und keine Matthäuspassion; kein Dante, kein Goethe, kein Kant oder Hegel, kein Kepler oder Galilei …
Eines muß man sogar den schlimmsten Exponenten der Kirchengeschichte zugute halten: Niemals hat man versucht, das Wort Gottes selbst, die Bibel oder Teile von ihr, umzuschreiben oder zu unterdrücken. Auch in den Zeiten des größten äußerlichen Prunks

Bibel lese verbot

predigte man weiter die Seligpreisungen der Armen und die Weherufe gegen die Reichen (Lukas 6,20-26), das Wort vom Kamel, das leichter durch ein Nadelöhr geht als ein Reicher ins Reich Gottes (Markus 10,25), und davon, daß es mit dem bloßen »Herr-Herr-Sagen« nicht getan ist (Matthäus 7,21).

Die innere Kraft des Christentums

Schließlich und ganz aktuell: Fasziniert betrachteten wir alle den Widerstand und Aufbruch gegen die Diktaturen in Osteuropa. Vorreiter aber waren Christen und kirchliche Gemeinden. Ihr mutiges Engagement holte sich aus Gottesdiensten die nötige Kraft. In Polen wurde das am deutlichsten. Ohne die Kraft des Glaubens, ja, ohne die Autorität des Papstes hätten die polnischen Arbeiter und ihre Gewerkschaft Solidarnosç sicherlich nicht den Mut aufgebracht, einem halbstalinistischen Regime zu trotzen. Es ist auch keineswegs Zufall, daß die friedliche Revolution in der DDR in den Kirchen von Leipzig und Ostberlin begann. Und ein Pastor war es auch, Laszlo Tökes, der in Rumänien immerhin den Sturz des übermächtigen Diktators Ceausescu bewirkte.
Auch in der Dritten Welt fürchten Tyrannen vor allem eines: lebendiges, engagiertes Christentum, gegen das sie auf Dauer nicht einmal modernste Waffentechnik schützt. Christentum steht nicht vor dem Aussterben. Allerorten und urplötzlich kann es neues Leben zeigen.
Schon ganz an seinem Anfang wirkte eine innere Kraft, die aus der kleinen, verlorenen Schar von Golgota eine Gemeinschaft erwachsen ließ, die das riesige Reich der Römer durchdrang und deren jahrhundertealte Religion vergessen ließ. Gibt es diese innere Kraft nicht auch heute noch? Muß man das Licht vielleicht nur neu zum Leuchten bringen und auf den Scheffel stellen, damit es wieder erhellt und wärmt?

Schwierigkeiten zu glauben

Doch gibt es nicht allzu viele Argumente gegen den Glauben der Christen? Ist er dem modernen Menschen, der seinen Verstand zu gebrauchen weiß, wirklich noch zumutbar? Nicht nur der Zeitgeist, auch so viele Vernunftgründe scheinen dagegen zu sprechen, daß die Welt von einem liebenden Gott geschaffen und von seinem Sohn am Kreuz erlöst worden sein soll. Für »christliche« Fundamentalisten ist alles einfach, zu einfach; sie sind gegen rationale Argumente immun: Hier verdorbene und verworfene »Welt« – dort das kleine Häuflein der Geretteten. Aber der Weg in die Sekte kann keine Lösung bringen. Wenn das Christentum heute noch Bestand haben und die Menschen überzeugen will, dann muß es sich den Herausforderungen der Moderne stellen.

2

Streiten kann ja so interessant sein

Gegen ein Uhr mittags traf Helga ein, kurz danach kamen Martina und Petra. Daniela stellte den Suppentopf auf den Herd. Der große Tisch im Wohnzimmer reichte für acht Personen. Auf einem zusätzlichen Klapptisch hatten Daniela und Walter schon die übrigen Reste des Büfetts liebevoll arrangiert; der Partykeller freilich harrte noch der Aufräumarbeiten.
In der nächsten halben Stunde trudelten die übrigen ein. Siggi kam sage und schreibe mit Simone an; er hatte sie mit dem Auto abgeholt. Der letzte war diesmal Gunther; er war unrasiert und wirkte noch ziemlich verschlafen.
Diesmal begnügte man sich zunächst mit Mineralwasser. Während des Essens kam kein rechtes Gespräch auf, man lobte lediglich die gute Suppe. Gunther griff am kräftigsten zu und machte sich auch bald an die Salate. Dann begann Siggi doch die Diskussion, indem er Danielas nächtlichen Einfall zitierte: »Also, wenn ich mich recht erinnere, sollten wir jetzt den Streit von heute nacht fortsetzen, oder? Es ging ja recht aggressiv zu, hoffentlich hat es dir nicht den Geburtstag verdorben, Daniela. Aber das Thema Religion hat doch alle interessiert. Und wenn wir schon eine Theologin unter uns haben...« Er sah sich in der Runde um, die meisten hatten freilich noch keine große Lust zum Reden. Diesmal aber war es Walter, der das Gespräch in Schwung brachte.
»Das war hochinteressant heute nacht! Schade, daß man so selten dazukommt, mit jemandem über solche Themen wie Kirche, Glaube usw. zu reden. Ich war ja früher durchaus ein ›gläubiges Schäfchen‹ und noch heute könnte ich nicht sagen, daß ich ein völlig Ungläubiger wäre. Eher vielleicht ein Freireligiöser. Aber Proble-

me mit dem Glauben sehe ich eine Menge, und zwar ganz gewaltige und nicht nur mit der Kirche. Was bei mir z.B. eine entscheidende Rolle gespielt hat: Ich kann nicht daran glauben, daß alles Leiden auf der Welt bloß Strafe sein soll, Folge von irgendeiner Erbsünde oder Urschuld. Schon in der Schule habe ich mich immer besonders für Biologie interessiert. Irgendwann hat uns der Biolehrer etwas über Evolution, die Entstehung der Arten erzählt. Das hat mich so fasziniert, daß ich mir von meinem Taschengeld damals mehrere Bücher darüber kaufte. Zu der Zeit ging ich ja auch noch ab und zu in die Kirche, und einmal bei der Predigt, da hat es mich plötzlich gepackt: Der Pfarrer predigte über die Schuld der Menschen, die ihre Freiheit mißbrauchen, oder so ähnlich. Jedenfalls, daß Jesus kommen mußte, um uns von der Erbsünde zu erlösen. Da fiel es mir wie Schuppen von den Augen: Das kann doch alles gar nicht stimmen! Es hat bestimmt nie ein Paradies gegeben, in dem irgendwelche Urmenschen friedlich und in Unschuld lebten. Die Urmenschen mußten von Anfang an – vielleicht Hunderttausende von Jahren lang – einen brutalen Kampf ums Dasein führen; sie haben sich bestimmt gegenseitig oft den Schädel eingeschlagen, jedenfalls ein Rudel dem anderen Rudel, wenn es ums Überleben ging, und nur der Stärkere konnte sich durchsetzen. So etwas wie Moral oder Ethik kann doch erst viel, viel später aufgekommen sein, oder?« Walter schaute Simone fragend an, dann fuhr er, weil niemand etwas sagte, fort: »Aber wenn es kein Paradies und keinen ersten Sündenfall gab, dann brauchte doch auch Jesus niemand davon zu erlösen! So fällt das ganze schöne theologische Gebäude in sich zusammen! Und deshalb glaub' ich auch, daß Jesus zwar ein guter Mensch war, der viel Richtiges gesagt hat – aber die ganzen Geschichten von wegen ›Sohn Gottes‹ und ›Erlösung am Kreuz‹, das hat man sich einfach so dazuphantasiert im Lauf der Zeit. Was meinst denn du dazu, Simone, kommen solche Probleme bei euch im Studium vor?«
Man war von der langen Rede Walters überrascht, vielleicht auch nachdenklich geworden. So genau hatten sich die übrigen bisher bestimmt noch nicht mit derlei Problemen beschäftigt. Auch Simone war überfordert: »Wenn ich ehrlich bin, in den paar Seme-

stern ist dieses Thema noch nicht vorgekommen. Aber weißt du, diese biblischen Geschichten vom Paradies und von der ersten Sünde: Das darf man nicht wortwörtlich nehmen, das sind alles Bilder für etwas anderes.«

Hier fiel ihr nun Martina ins Wort: »Was heißt da ›Bilder für etwas anderes‹? Was soll denn dann mit dem Paradies und dem Baum anderes gemeint gewesen sein als das, was Walter eben gesagt hat? Im übrigen habe ich auch noch nie richtig verstanden, wieso Jesus ausgerechnet am Kreuz die Menschen erlöst haben soll!«

Jetzt, da sie darauf aufmerksam gemacht wurden, stellten auch die übrigen bei sich die gleiche Schwierigkeit fest. Plötzlich waren sie sozusagen wach geworden und stimmten Martina zu, sogar Daniela, die schon lange nicht mehr über religiöse Fragen nachgedacht hatte. Nur Petra und Simone waren nicht ganz einverstanden; letztere faßte sich auch bald und gab sich noch nicht geschlagen.

»Nun hört mal zu: Das mit der Erbsünde im Paradies, das ist eben nur ein Bild dafür, daß die Menschen von Natur aus schuldig werden, immer wieder. Das ist wie eine Art Erbschaft. Davon kann sich kein Mensch aus eigener Kraft völlig befreien. Wenn ich es einmal hochgestochen theologisch ausdrücken soll, dann hat Jesus nichts anderes getan als den Menschen gezeigt, Gott vergibt den Menschen alle ihre Schuld und stirbt selber mit den Menschen mit, aus Liebe eben. Das kann man allerdings nicht so haargenau darlegen wie einen wissenschaftlichen Beweisgang. Die Erlösung bleibt halt auch so etwas wie ein Geheimnis.«

Simone wurde bei diesen Ausführungen ein wenig verlegen. So ganz genau kannte sie sich ja selbst in der Theologie noch nicht aus. Wenn doch bloß ihr Freund Christian dagewesen wäre; der hätte das alles bestimmt viel besser gewußt. Nun kam sie sich ein wenig wie eine Predigerin vor, was ihr unangenehm war. Die übrigen aber gaben sich nicht so schnell zufrieden. Jetzt war Helga an der Reihe:

»Das, was du sagst, Simone, das ist mir einfach zu hoch und zu abstrakt. Aber mich ärgert noch etwas ganz anderes, nämlich daß in der Religion dauernd von Schuld geredet wird. Der Mensch soll also von Anfang an schuldig sein. Damit macht man den Leuten doch nur Komplexe – natürlich, das ist gut für die Macht der Kirche: Sie hat das Vergebungsmonopol. Im Beichtstuhl müssen alle zu Kreuze kriechen, um den Freispruch für die ewige Seligkeit zu bekommen! Wenn ich bloß dran denke, welche Angst ich als Kind vor dem Beichten durchgestanden habe, welcher Unsinn uns eingeredet wurde über angebliche Sünden! Als ob ein Kind überhaupt sündigen könnte!«

Eine solche Äußerung hatte man Helga gar nicht zugetraut. Nun wurde es aber Petra doch zuviel: »Das ist doch der Gipfel der Einseitigkeit«, platzte sie los, »als ob es so etwas wie Schuld überhaupt nicht gäbe, als ob alle immer nur brav und friedlich wären! Komisch, woher dann der ganze Mist in der Welt kommt! Und es kann ja wohl nicht schaden, wenn man sich selbst mal kritisch unter die Lupe nimmt und zugibt, daß man was falsch gemacht hat, oder? Wenn man an Gott glaubt,« – Petra machte eine vorwurfsvolle Pause, so als säße sie unter lauter Atheisten – »dann muß man eben zugeben: Schuld ist immer Schuld an Gott, weil er eben nur das Gute will. Die Kirche soll doch nur helfen, daß man mit seiner Schuld fertig wird: Sie vergibt sie ja – bzw. Gott vergibt sie, wenn man sie ehrlich bereut.«

Doch nun fielen mehrere zugleich über Petra her. Gunther brachte das Stichwort »Schwarze Pädagogik« ins Spiel, eine besonders autoritäre Form von Erziehung, die angeblich immer mit religiöser einhergegangen sei. Dazu erzählte Siggi von einem Buch eines Psychoanalytikers, der darin mit Gott abgerechnet habe, indem er seine eigenen kindlichen Ängste vor einem allwissenden und alles sehenden »Monster« genau analysierte. »Einem Kind mit Gott Angst machen, das ist doch ein Verbrechen!« schrie Siggi, worauf Petra rot anlief und ihm irgendeine Beleidigung an den Kopf warf. »Hört doch auf zu streiten!« trat Daniela dazwischen und rettete so die Situation. »Es sollte doch ein Fest zu meinem Geburtstag werden, nicht wahr? Greift lieber zu und laßt es euch schmecken; die guten Sachen kann man doch nicht wegwerfen.« Martina beruhigte ihre Schwester, die übrigen taten dasselbe mit Siggi und Gunther. Es war noch Sekt im Kühlschrank, und Walter schlug vor, noch einmal auf Danielas Geburtstag zu trinken.

Der Vorschlag besänftigte die Gemüter ein wenig. Doch das Thema war noch nicht zu Ende diskutiert; auch wollten sich die Kontrahenten nicht wieder so schnell zum Schweigen bringen lassen wie in der vorangegangenen Nacht. Es ging daher, während man es sich am Büfett schmecken ließ, noch eine Weile um religiöse Erziehungsmethoden. Eigentlich war man sich sogar einig darüber, daß man mit Gott Kindern keine Angst machen dürfe, wie es früher leider häufig der Fall gewesen sei. Schon schien ein harmonisches Ende der Streitigkeiten nahe, als Gunther ein weiteres Problem anschnitt.

»Was mich betrifft, stört mich am Christentum etwas anderes noch viel mehr, und es würde mich interessieren, was ihr darüber denkt. In der Bibel steht doch, daß Gott den Menschen gesagt hat, sie sollten sich die Erde untertan machen. Und genau das ist 2000 Jahre lang geschehen. Die Folgen sind bekannt: Umweltzerstörung, wohin man sieht, Überbevölkerung, Aussterben von Tieren und Pflanzen, Ozonloch usw. Und dabei behaupten die Christen noch, am Ende komme das Reich Gottes! Wahrscheinlich, wenn alles ausgerottet ist – da kann ich nur sagen: Reich Gottes? Nein, danke!«

Petra wollte schon wieder losplatzen, aber diesmal griff Simone ein. »Also, Gunther, du machst es dir schon verdammt einfach! Daß sich die Menschen die Erde untertan machen dürfen, das heißt doch nicht, sie zu zerstören! Du kennst doch meinen Wuschel, den Langhaardackel, oder? Der ist mir sozusagen auch untertan, aber es würde mir doch nie einfallen, ihn zu quälen oder gar umzubringen. Ganz im Gegenteil, ich verwöhne ihn andauernd, wenn ich wieder mal da bin, und gerade, weil er genau weiß, daß ich ihn so gern mag, folgt er mir aufs Wort. Genauso sollen eben auch die Menschen mit der Schöpfung umgehen, liebevoll nämlich. Denn wir Menschen sind nun mal die höchstentwickelten Geschöpfe, und wir haben auch als einzige Lebewesen den Verstand bekommen, für die übrigen Lebewesen zu sorgen. Nichts anderes meint der Bibelsatz vom Schöpfungsauftrag.«

Gunther wollte etwas sagen, aber Simone war nicht zu bremsen: »Und was das Reich Gottes angeht, daran glauben heißt doch nur zu hoffen, daß sich das Gute am Schluß doch durchsetzen wird – trotz allem. Weil die Menschen das leider nicht von selbst schaffen, weil sie dauernd etwas zerstören, ja genau: schuldig werden, deshalb die Hoffnung, daß Gott seine Geschöpfe nicht im Stich läßt, daß sich die Liebe am Ende stärker als alles andere erweisen wird. Wie das genau sein wird, das weiß natürlich kein Mensch – nur Gott.«

Schön hatte Simone gesprochen, fast ein wenig feierlich. Dennoch waren nicht alle restlos überzeugt, Walter z.B. gab eher Gunther recht und meinte, der Schöpfer müsse sich aber ganz schön verrechnet haben mit den Menschen, wenn er sie so gebaut habe, daß sie, wenn sie nur wollen, alles zerstören könnten, wie das ja leider heutzutage der Fall sei. Petra dagegen ergriff – wie vorauszusehen – für Simone Partei, während Siggi die unklare Haltung der Kirche zum Krieg ins Spiel brachte: »Etwas wenig an Liebe zur Schöpfung, findest du nicht, Simone?« So ging es eine Weile durcheinander, schließlich wollte jeder etwas sagen und kaum noch zuhören.

Simone versuchte immer wieder zu erklären, daß man die Bibel eben nicht wortwörtlich, sozusagen als ein vom Himmel gefallenes Buch, verstehen dürfe, sondern wissenschaftlich untersuchen müsse. Man könne sie nur aus ihrer Entstehungszeit heraus richtig verstehen. Im Prinzip wußten das die übrigen natürlich; schließlich war moderne Bibelauslegung des öfteren im Religionsunterricht vorgekommen. Simone aber merkte, wie wenig (im Vergleich zu ihr) die übrigen eigentlich Bescheid wußten, während sie selbst schon drei Semester lang begeistert die Exegese-Vorlesungen über das Alte und Neue Testament besucht hatte. Aber wie sollte sie all das, was sie wußte, an diesem Nachmittag den anderen beibringen?

Es war schon ziemlich spät geworden, als man ein Auto vorfahren hörte. Danielas Eltern kamen zurück. Walter öffnete ihnen. Nach kurzer, freundlicher Begrüßung nahmen sie Platz, beteuerten aber, die Feier nicht stören zu wollen.

Doch war es für die meisten ohnehin an der Zeit aufzubrechen. Simone mußte noch heute zum Bahnhof; sie hatte noch eine längere Fahrt vor sich. Auch Siggi und Gunther wollten am Montag zur Uni, und zwar frühzeitig, denn zum Semesterbeginn war die Hektik immer groß. Martina mußte ebenfalls nach Hause, um ihre Sachen zu packen. Alle aber waren der Meinung, man müsse sich künftig unbedingt öfter treffen. Es sei – gerade wegen der lebhaften Auseinandersetzungen – ein absolut gelungenes Fest gewesen (eine Äußerung, die Daniela besonders freute). Simone fügte hinzu, da das Thema noch lange nicht zu Ende diskutiert sei, müsse man sich möglichst bald wieder zusammenfinden, vielleicht zu Weihnachten im Haus ihrer Eltern, wo sie ja noch ihr Zimmer habe. Walter meinte, auch sein Appartement sei groß genug für eine Weihnachtsfeier. Wie auch immer, ein baldiges Wiedersehen galt als fest vereinbart.

Am Anfang schuf Gott Himmel und Erde

Aber nach vielen Jahrmillionen war der Mensch endlich klug genug. Er sprach: Wer redet hier von Gott? Ich nehme meine Zukunft selbst in die Hand. Er nahm sie, und es begannen die letzten sieben Tage der Erde.

Am Morgen des ersten Tages beschloß der Mensch, frei zu sein und gut, schön und glücklich. Nicht mehr Ebenbild eines Gottes, sondern ein Mensch. Und weil er etwas glauben mußte, glaubte er an die Freiheit und an das Glück, an die Börse und an den Fortschritt, an die Planung und an seine Sicherheit. Denn zu seiner Sicherheit hatte er den Grund zu seinen Füßen gefüllt mit Raketen und Atomsprengköpfen.

Am zweiten Tage der letzten Zeit starben die Fische in den Industriegewässern, die Vögel am Pulver aus der chemischen Fabrik, das den Raupen bestimmt war, die Feldhasen an den Bleiwolken von der Straße, die Schoßhunde an der schönen roten Farbe in der Wurst, die Heringe im Öl auf dem Meer und an dem Müll auf dem Grunde des Ozeans. Denn der Müll war aktiv.

Am dritten Tage verdorrte das Gras auf den Feldern und das Laub an den Bäumen, das Moos an den Felsen und die Blumen in den Gärten. Denn der Mensch machte das Wetter selbst und verteilte den Regen nach genauem Plan. Es war nur ein kleiner Fehler in dem Rechner, der den Regen verteilte. Als sie den Fehler fanden, lagen die Lastkähne auf dem trockenen Grund des schönen Rheins.

Am vierten Tage gingen drei von vier Milliarden Menschen zugrunde. Die einen an den Krankheiten, die der Mensch gezüchtet hatte, denn einer hatte vergessen, die Behälter zu schließen, die für den nächsten Krieg bereit-

standen. Und ihre Medikamente halfen nichts. Die hatten zu lange schon wirken müssen in Hautcremes und Schweinelendchen. Die anderen starben am Hunger, weil etliche von ihnen den Schlüssel zu den Getreidesilos versteckt hatten. Und sie fluchten Gott, der ihnen doch das Glück schuldig war. Es war doch der liebe Gott!

Am fünften Tag drückten die letzten Menschen auf den roten Knopf, denn sie fühlten sich bedroht. Feuer hüllte den Erdball ein, Berge brannten, und die Meere verdampften, und die Betonskelette in den Städten standen schwarz und rauchten. Und die Engel im Himmel sahen, wie der blaue Planet rot wurde, dann schmutzig braun und schließlich aschgrau. Und sie unterbrachen ihren Gesang für zehn Minuten.

Am sechsten Tage ging das Licht aus. Staub und Asche verhüllten die Sonne, den Mond und die Sterne. Und die letzte Küchenschabe, die in einem Raketenbunker überlebt hatte, ging zugrunde an der übermäßigen Wärme, die ihr gar nicht gut bekam.

Am siebten Tage war Ruhe. Endlich. Die Erde war wüst und leer, und es war finster über den Rissen und Spalten, die in der trockenen Erdrinde aufgesprungen waren. Und der Geist des Menschen irrlichterte als Totengespenst über dem Chaos. Tief unten, in der Hölle, aber erzählte man sich die spannende Geschichte von dem Menschen, der seine Zukunft in die Hand nahm, und das Gelächter dröhnte hinauf bis zu den Chören der Engel.

Jörg Zink

Zur Sache

Herausgefordert vom »Zeitgeist«

Eine ganze Reihe von grundsätzlichen Problemen kam an jenem Sonntagnachmittag zur Sprache. Dabei handelt es sich um Herausforderungen, die sich durch das moderne, wissenschaftlich bestimmte Weltbild fast zwangsläufig für den Glauben ergeben und vielen, die sich in irgendeiner Weise dem Christentum verbunden fühlen, innerlich oft sehr zu schaffen machen.

Die Bibel – ein Werk ihrer Zeit

Zunächst aber noch ein paar kurze Bemerkungen zum Verständnis der Bibel: Selbstverständlich ist diese kein vom Himmel gefallenes oder vom Heiligen Geist den Schreibern persönlich (und wortwörtlich) diktiertes Buch. Es wurde von Menschen *ihrer* Zeit, d.h. in einem Zeitraum von ca. 1000 v.Chr. bis Anfang des 2. Jahrhunderts n.Chr.,geschrieben. Sie drückten darin ihre Erfahrungen mit Gott aus: im Rahmen des damaligen Weltverständnisses, beeinflußt durch ihr konkretes gesellschaftliches Umfeld und in der damals verständlichen Sprache. Da aber über Gott und alles, was mit ihm zusammenhängt, nicht in wissenschaftlich beschreibender Weise geredet werden kann (Gott bleibt, wenn es ihn denn gibt, den Menschen immer unerfaßbar, denn er ist immer größer als menschliches Erkenntnisvermögen), konnten sich die Verfasser der Bibel nur in Bildern ausdrücken.

Dazu kommt, daß es die Unterscheidung zwischen mythischen Vorstellungen und naturwissenschaftlichen Aussagen zur damaligen Zeit noch gar nicht gab – ja, es gab noch nicht einmal so etwas wie Naturwissenschaft! Und hätte es sie gegeben, dann wäre sie dennoch nicht Thema der Bibel gewesen! In ihr geht es nämlich fast ausschließlich um die Frage nach dem Sinn und dem rechten Leben.

Wort Gottes – mit Vorbehalt!

Die Bibel ist »Wort Gottes« nur in der Wortbedeutung, daß in und mit ihr Menschen ihren auf *Erfahrungen* gegründeten Glauben an Gott ausdrückten. Für die Verfasser des Alten Testaments bedeutet dies: Gott ist ein Gott der Befreiung, der die Sklaven aus der Knechtschaft führt, der das unbedeutende und ohnmächtige Volk Israel vor den übermächtigen Weltreichen Ägyptens und Mesopotamiens rettete. Dieser Gott ist zugleich der Garant des Guten. Ganz ähnlich und in konsequenter Fortführung solch befreiender Erfahrungen sahen die Schreiber des Neuen Testaments in Jesus von Nazaret die Verkörperung der Liebe Gottes, eines Gottes, der in besonderer Weise die Verlorenen, Ausgestoßenen und Geringsten unter den Menschen liebt. Die Bibel ist also Wort Gottes, weil sich in ihr solche *Erfahrungen* der Zuwendung Gottes niedergeschlagen haben. Sie ist es aber keineswegs im Sinne eines Nachschlagewerkes, das auf allen Gebieten, z.B. auch auf dem naturwissenschaftlichen, umfassende Auskunft gäbe.

Kein Widerspruch zur Evolution

Es wäre daher unsinnig, etwa mit dem biblischen Schöpfungsbericht gegen die Evolutionstheorie von der Entstehung der Arten ankämpfen zu wollen. Der Schöpfungsbericht gibt Auskunft über den *Sinn* der Welt, jedoch in keiner Weise über biologische oder naturhistorische Fragen. An Gott als den Schöpfer zu glauben heißt einzig und allein, einen Sinn *hinter* den (naturwissenschaftlich durchaus weitgehend erforschbaren) Geschehensabläufen zu sehen: Diesem Glauben gemäß ist alles Geschehen nicht etwa bloß ein gigantischer Umweg vom Nichts wieder zurück ins Nichts – nein, Gott, der die Liebe ist, ist ihr letzter Ursprung und ihr letztes Ziel.

Aber wie gesagt: All das kann man nicht ausdefinieren. Erst recht konnten die Schreiber des Buches Genesis (des ersten Buches der Bibel) ihre Zuversicht, daß die Welt von Gott kommt, nur in den Vorstellungen und Bildern ihrer Zeit ausdrücken, die uns Heutigen mitunter mißverständlich oder unzureichend erscheinen, weil wir es gewohnt sind, in modernen, naturwissenschaftlichen Begriffen zu denken.

Unvollkommene Schöpfung

Der Glaube an einen guten Schöpfer fordert aber umgehend zu einer gewichtigen Frage heraus: Weshalb ist dann die Schöpfung so unvollkommen, gibt es so viel Böses und so viel Leid auf der Welt? Die Lösung, die die Bibel anzubieten scheint, lautet: Der Mensch ist schuldig geworden, weil er seine Freiheit, die Gott ihm gab, mißbrauchte. Alle Unvollkommenheit ist somit Folge der Schuld. Weil sich aber die Menschen aus eigener Kraft nicht mehr davon befreien konnten, leistete Gottes Sohn selbst – stellvertretend für die Menschen – Sühne durch seinen Tod am Kreuz und brachte das gestörte Verhältnis der Menschen zu Gott wieder in Ordnung: »Christus hat uns durch seinen Kreuzestod von unseren Sünden erlöst.«

Es gab kein Paradies!

Überdenkt man freilich diese geläufigen religiösen Formulierungen ein wenig genauer, stößt man bald allenthalben auf problematische Details. Die modernenNaturwissenschaften (genauer gesagt: Paläontologie und Biologie) gehen davon aus, daß es nie einen friedlichen, in Harmonie mit der Schöpfung lebenden Urmenschen gegeben hat. Ganz im Gegenteil hatten unsere Urahnen stets um das nackte Überleben zu kämpfen (begegneten wir plötzlich einem von ihnen, nähmen wir wohl schleunigst Reißaus!). Diesen moralische Entscheidungsfreiheit oder Schuld (wegen ihres aggressiven Verhaltens) zuzumessen, wäre schlicht absurd!

Dann aber können die Unvollkommenheit der Welt, das unverschuldete Leid, die Todesgewißheit auch nicht Folgen menschlicher Urschuld sein. Wofür aber ist dann Jesus Christus am Kreuz gestorben, wenn es keine Ursünde gab, die gesühnt werden mußte? Selbst wenn man jedoch eine Ursünde annähme: Wieso soll ausgerechnet eine weitere Sünde, nämlich die Ermordnung Jesu Christi, diese erste tilgen? Und noch einmal anders nachgefragt: Wenn Gott nur durch die Ermordung seines eigenen Sohnes besänftigt werden kann, ist er dann nicht ein grausamer, blutrünstiger Tyrann, keineswegs der Gott der Liebe und Vergebung, von der Jesus selbst in der Erzählung vom verlorenen Sohn und dem barmherzigen Vater (Lukas 15,11-32) so eindringlich redet?

Schuld und Schuldkomplexe

Mit dem Begriff Schuld muß man indes grundsätzlich sehr behutsam umgehen. Die heutige Psychologie weist auf, daß in vielen Fällen offensichtlichen Versagens beim einzelnen überhaupt nicht oder nur in geringem Maß von Schuld gesprochen werden darf. Kinder zum Beispiel, die in zerrütteten Verhältnissen aufwuchsen und kaum Zärtlichkeit und Geborgenheit erfuhren, werden im späteren Leben nur selten fähig sein zu lieben; die Wahrscheinlichkeit, auf ihre Benachteiligungen und Enttäuschungen mit Aggressivität zu antworten, ist hingegen groß. Wer dürfte sich da anmaßen, eindeutig Schuld zuzuweisen? Kann der, der nie das Lieben lernen konnte, dann aber gerechterweise zur Verantwortung gezogen werden?

Auf der anderen Seite gibt es Menschen, die unter förmlichen Schuldkomplexen leiden. Auch bestimmte Formen von »Christlichkeit« haben dazu ein gerüttelt Maß beigetragen. Wenn dem Menschen immer wieder gesagt wurde, er sei schuldig von Anfang an, und zwar in solchem Maß, daß Gott selbst seinen Sohn dafür sterben ließ, wenn gar noch ewige Höllenstrafen für den Fall unvergebener Schuld angedroht wurden, dann kann das Ergebnis allzu leicht ein gebrochener, von Neurosen gepeinigter Mensch

sein, voller Ängste und Unselbständigkeit, der in seiner Unfreiheit eben auch unfähig zu verantwortlichem Handeln und zur Liebe geworden ist.
Es ist nicht zu beschönigen, daß religiöse Erziehung allzu lange mit einer autoritären, einer »schwarzen« Pädagogik Hand in Hand ging, die nur durch das Schema von Befehl und Gehorsam funktionierte. Solche Erziehung brauchte und gebrauchte häufig ein Angst verursachendes (weil mit Höllenstrafen drohendes) Zerrbild von Gott, um ihre Machtansprüche leichter durchzusetzen. Bekommt nämlich ein Kind Schuldgefühle, falls es nicht bedingungslos gehorcht, wird es wahrscheinlich leichter fügsam sein – zumal wenn nicht nur irdische, sondern auch ewige Strafen drohen.
Hat sich nicht auch die Macht der Kirche jahrhundertelang genau auf solche Strukturen gestützt? Muß man ihr nicht vorwerfen, den Gläubigen immer wieder eingeredet zu haben, sie hätten schwerste Schuld (vor allem im Bereich der Sexualität!) auf sich geladen, um ihnen dann großzügig als einzige Rettung vor Gottes Strafgericht die kirchlichen Gnadenmittel (Sündenvergebung, Sakramente) zu gewähren, schlimmer noch: zu verkaufen?

Psychologische und theologische Aspekte zur Schuld

Es nimmt nicht wunder, daß vor allem in den letzten Jahrzehnten von seiten der Psychologie immer mehr Stimmen laut wurden, die es ablehnten, in Zusammenhang mit individuellem Verhalten von Schuld zu reden. Auf keinen Fall dürfe man Kinder dazu erziehen, sich schuldig zu fühlen. Im Grunde sei jeder Mensch, so wie er ist, in Ordnung; sein mögliches Fehlverhalten werde einzig und allein von einer falschen, Schuldkomplexe züchtenden Erziehung verursacht.
Es ist ein schweres Erbe, das überkommene christliche Vorstellungen von Schuld und Erlösung – durch Christi »Sühnetod« – mit sich tragen. (Ein erschütterndes Zeugnis dafür bietet das bis heute lesenswerte Buch von Tilmann Moser, Gottesvergiftung, Frankfurt 1976). So konnte aus der »Frohen Botschaft« (= Evangelium) eine

dunkle »Drohbotschaft« werden – als ob die Vergebungsbereitschaft Gottes eingebildete Seelenängste nötig hätte!
Auf der anderen Seite jedoch ändert dies nichts an der Tatsache, daß jeder von uns Menschen in Wahrheit immer wieder schuldig wird. Selbst bei bestem Willen verursachen wir oft ungewolltes Leid; ein einziges Wort kann tiefe Wunden reißen, ganz zu schweigen von unserem Potential an Haß, Unwahrhaftigkeit und Aggressivität! Es wäre daher nichts gewonnen, und die Welt mit Sicherheit keinen Deut besser, wenn wir dies alles einfach leugneten. Sicherlich, wie groß das Maß an individueller Schuld wirklich ist, d.h. wie groß die Entscheidungsfreiheit des einzelnen war, läßt sich von außen, von einem anderen, nur sehr schwer beurteilen. Zu Recht heißt es daher in der Bergpredigt: »Richtet nicht, damit ihr nicht gerichtet werdet!« (Matthäus 7,1) Aber es bleibt dabei, daß objektiv Unrecht geschieht, objektiv also auch Schuld.
Schuld: Sie liegt in unserem Wesen begründet. Man kann mit Recht von einer »Erbschaft« sprechen, denn wir alle bekamen sie in die Wiege gelegt. Sie ist freilich nichts anderes als der Preis, den wir für unsere Freiheit in Kauf nehmen müssen. Gibt es da keinen Ausweg?
Das Christentum bietet einen solchen an. In religiöser Sprache ausgedrückt heißt er: Erlösung durch Gott. Glaubt man an einen Gott der Liebe und hofft auf ihn, dann muß man ihm wohl auch zutrauen, daß er die Menschen von der Last ihrer Unvollkommenheit und »Schuldverfallenheit« – wie man theologisch dafür sagt – befreien kann und will. Die Schwierigkeiten beginnen allerdings da, wo man sich eine derartige Befreiung allzu konkret vorstellt oder sie gar juristisch fixieren möchte. (Wir werden im Kapitel über das »christliche Angebot« noch genauer auf diese Zusammenhänge zu sprechen kommen.)

Schöpfung, Reich Gottes und Umweltzerstörung

Noch ein weiteres Problem taucht auf, durchdenkt man den Glauben an einen Schöpfer und Erlöser: Wodurch ist denn die Hoffnung auf das Reich Gottes berechtigt, wenn die Menschen offenbar Gottes Schöpfung immer mehr zerstören? Manche gehen noch einen Schritt weiter und werfen dem sogenannten »Schöpfungsauftrag« vor, eine Hauptursache der gegenwärtigen Umweltzerstörung zu sein. Dieser Schöpfungsauftrag lautet (in traditioneller Formulierung): »Wachset und mehret euch und macht euch die Erde untertan!« (Genesis 1,28) Das Christentum habe – so der Vorwurf – infolge dieses »göttlichen« Satzes aus dem Alten Testament die Erde zur Ausbeutung freigegeben; schon die Behauptung, der Mensch sei »Krone der Schöpfung«, sei eine Anmaßung. Im Gegensatz dazu hätten die Religionen Indiens und Ostasiens, Hinduismus und Buddhismus, ein ganz anderes, ehrfurchtsvolleres Verhältnis zur Natur, weil sie ihnen Sitz göttlicher Wirklichkeit und von gleichem Wesen wie der Mensch selbst sei.

An diesem Vorwurf ist vieles berechtigt. Freilich muß eher das Mißverstehen des biblischen Schöpfungsauftrages als dieser selbst kritisiert werden. Zwar war mit der »Unterwerfung« der Erde in einer Klimazone, die dem Menschen alle Kraft abverlangt, damit er überleben kann, in der Tat das harte Ringen mit der Natur gemeint (die Israeliten waren ja von ihrem Ursprung her ein Nomadenvolk!). Zugleich aber war damit auch ihr Schutz mitverlangt, war sie doch als Quelle allen irdischen Lebens erkannt. Den Auftrag des Schöpfers ernst nehmen heißt also vor allem: die Schöpfung behutsam pflegen, bewahren und kultivieren.

Zum rechten Verständnis ist auch folgender Zusammenhang bedeutsam: Der Verfasser des Berichts, der ungefähr um 500 v.Chr. jenen Satz des Buches Genesis niederschrieb, wandte sich damit vor allem gegen die »heidnischen« Religionen der anderen Völker, besonders der Babylonier, die die Natur von Göttern bevölkert wähnten, denen man sich unter größten Opfern zu ihrer Besänftigung jährlich von neuem unterwarf. So gesehen, entpuppt sich der

biblische Schöpfungsauftrag als ungeheuerer Fortschritt in Richtung Humanität! Er ist bis heute noch nicht überholt.
Trotzdem bleibt die Frage, wie denn das Reich Gottes aussehen könnte, das die Schöpfung vollenden soll. Sie betrifft uns heute angesichts des Zustandes der Schöpfung mehr denn je. Noch vor wenigen Jahrzehnten glaubten »fortschrittliche« Theologen, der revolutionäre Gang der Weltgeschichte, der menschliche Befreiungsprozeß, werde zwangsläufig zum Reich Gottes auf Erden – zu einer Art urkommunistischer klassenloser Gesellschaft – führen. Kaum jemand wird heute noch ernsthaft diese Meinung vertreten können. Was bedeutet dann aber die Vater-unser-Bitte: »Dein Reich komme«? Soll man glauben, es werde sich durch Gottes Eingreifen am Ende der Zeit sozusagen vom Himmel herabsenken? Nach unseren modernen Kenntnissen vom Weltall doch wohl eine absurde Vorstellung! Und was soll man gar von der Zusage Jesu halten: »Das Reich Gottes ist mitten unter euch« (Lukas 17,21)? Man sieht, ausgerechnet die am besten gelernten Glaubenssätze machen, überdenkt man sie erst einmal so richtig, mitunter die größten Schwierigkeiten. Kein Wunder, daß viele davor kapitulieren (falls sie sich überhaupt noch die Mühe des Überdenkens machen) und nach scheinbar verlockenderen Angeboten greifen.

Prometheus

Ich kenne nichts Ärmer's
unter der Sonn' als euch Götter.
Ihr nähret kümmerlich
von Opfersteuern
und Gebetshauch
eure Majestät
und darbtet, wären
nicht Kinder und Bettler
hoffnungsvolle Toren.

Da ich ein Kind war,
nicht wußte, wo aus, wo ein,
kehrte mein verirrtes Aug'
zur Sonne, als wenn drüber wär'
ein Ohr, zu hören meine Klage,
ein Herz wie meins,
sich des Bedrängten zu erbarmen.

Wer half mir wider
der Titanen Übermut?
Wer rettete vom Tode mich,
von Sklaverei?
...
Ich dich ehren? Wofür?
Hast du die Schmerzen gelindert
je des Beladenen?
Hast du die Tränen gestillet
je des Geängstigten?

Johann Wolfgang von Goethe

3

Ein unerwartetes Zusammentreffen

Anfang Dezember gab es noch einmal herrliche Spätherbsttage. Spontan entschloß sich Simone, ein Wochenende bei ihren Eltern zu verbringen, und auch Christian hatte Zeit und Lust mitzufahren. Am ersten Abend kam Simone auch auf Danielas Geburtstagsparty zu sprechen, wobei ihrer Mutter einfiel, Siggi beim Einkaufen getroffen zu haben, der ihr einen Gruß aufgetragen habe.

Die Idee, Siggi anzurufen und vielleicht ein Treffen auszumachen, hatte Christian, der von Simone längst über jene denkwürdige Diskussion informiert worden war. Siggi freute sich über den Anruf und erzählte, auch Gunther sei im Lande. So kam es am nächsten Abend zur ungeplanten Fortsetzung des »theologischen« Disputs, diesmal in kleinerem Kreis, an einem gemütlichen Ecktisch ihrer alten Stammkneipe aus Schülerzeiten.

Zunächst unterhielten sie sich allerdings über die aktuellen und höchst überraschenden Veränderungen in Osteuropa. Da bei diesen ja auch die Kirchen eine wesentliche Rolle spielten, war man schnell beim eigentlichen Thema angelangt.

Christian lenkte das Gespräch – daß er schon im 7. Semester war, ließ sich nicht verkennen – direkt ins Philosophische: Karl Marx habe es schon im letzten Jahrhundert als bewiesen angesehen, daß es keinen Gott gebe. Religion sei nach Marx nur »Opium des Volkes«. Sie verschwinde daher mangels Bedarf, wenn die Menschen nicht mehr ausgebeutet würden. Nun aber, so Christian, habe sich die Religion stärker als jede Ideologie vom »Paradies auf Erden« gezeigt, ja, der Marxismus-Leninismus selbst sei für die »Betonköpfe drüben« längst zum Opium geworden, das sie über die Realität hinweggetäuscht habe.

In diesem Punkt stimmten auch die anderen zu. Siggi meinte freilich, dies alles sei kein Beweis dafür, daß der Glaube an Gott wahr sein müsse. Atheisten könnten trotz allem recht haben. Er selbst sei sich da nicht ganz im klaren. Einerseits spreche manches für Gott, z.B. die Frage nach der Entstehung der Welt, andererseits auch allerhand gegen ihn, vor allem, daß es so viel Ungerechtigkeit und Leid gebe. »Leiden, ohne daß jemand schuld daran ist – denkt doch nur an krebskranke Kinder! Oder an Erdbeben, die immer besonders die Ärmsten treffen, an Konzentrationslager usw.: Warum läßt Gott das zu, wenn es ihn gibt?«
Was Siggi ansprach, war das uralte Problem der sogenannten Theodizee. Christian fühlte sich aufgefordert, dazu Stellung zu nehmen. Die Frage, wie ein allmächtiger und zugleich liebender Gott unverschuldetes Leiden zulassen könne, habe schon die größten Philosophen beschäftigt. Christian räumte ein, es gebe keine überzeugende Lösung. Andererseits gäbe es das Leiden genauso auch ohne Gott. »Dann aber«, fügte er hinzu, »ohne Hoffnung auf eine höhere Gerechtigkeit. Dann ist erst recht alles sinnlos!«
Simone warf ein, die Lösung müsse irgendwie mit Kreuz und Auferstehung zusammenhängen, wenn man als Christ danach frage. Da jedoch fiel ihr Gunther ins Wort, der seine eigene Philosophie anzubieten hatte: »Es gibt meiner Meinung nach gar kein unverschuldetes Leid. Ich glaube nämlich fest an eine Wiedergeburt. Jedes Lebewesen, zumindest jeder Mensch, hat die Chance, sich in einem späteren Leben zu verbessern bzw. vollkommen zu werden. Nutzt er sie nicht, erwartet ihn ein schwereres Schicksal, nutzt er sie, ein besseres. Da es für jeden schon unzählige frühere Leben gegeben hat, gibt es keine Ungerechtigkeit. Diese Auffassung überzeugt mich immer mehr; es gibt eine Gerechtigkeit, und man braucht keinen allmächtigen Gott, der dann ja offensichtlich doch nichts tut, wenn man ihn braucht!«
Die anderen verzogen das Gesicht, und sogar Siggi meinte, das könne nicht so einfach sein, denn wie solle sich denn, bitteschön, ein krebskrankes Kind, das schon nach wenigen Tagen qualvoll sterben müsse, »vervollkommnen«?
Gunther wollte nicht nachgeben, stand aber ziemlich allein mit

seiner Ansicht da. Siggi meinte vermittelnd, man könne ja ein andermal darüber diskutieren: »Du kannst schon noch einmal deine esoterischen Lehren loswerden, aber jetzt geht es uns doch um was anderes, nämlich ob es Gott gibt oder nicht.« Siggi bezeichnete sich selbst als Agnostiker, der die Gottesfrage offen läßt, weil er trotz intensivem Nachdenken zu keiner eindeutigen Lösung kommt. »Wenn ich mich frage, woher alles kommt, dann denke ich schon: Irgendeinen Schöpfergott muß es doch geben, das ganze Weltall kann doch nicht von selbst entstanden sein. Das mit dem Urknall, das befriedigt mich nicht, denn was war dann davor bzw. was hat den Urknall verursacht? Man wird ganz wirr, wenn man intensiv darüber nachdenkt. Deshalb bin ich auch kein Atheist, weil man eben auch nicht beweisen kann, daß es keinen Gott gibt.« Simone war mehr als erstaunt: »Siggi, das hätte ich dir nicht zugetraut! Genauso geht es mir nämlich auch, wenn ich ehrlich bin. Freilich überwiegen für mich die Argumente für Gott. Ich bin nämlich fest überzeugt, daß das Gute, die Liebe eben, das letzte Wort hat! Und nicht die Sinnlosigkeit. Und dann kommt auch noch Jesus dazu und manches andere, was mir wichtig ist. Schade, daß viele sich gar nicht ernsthaft diese Fragen stellen, nach dem Woher und Wohin. Alle reden von Selbstverwirklichung, auf die Idee aber, dabei über sich selbst und den Sinn des Lebens nachzudenken, kommen die meisten nicht. Man lebt halt so oberflächlich dahin.«

Simone hatte damit ein neues Stichwort gegeben. Gunther meinte, über Selbstverwirklichung könne man eigentlich nur so viel sagen, daß jeder nach seiner Façon selig werden solle. Simone aber warf ihm vor, es sich zu einfach zu machen. »Sagst du das auch einem, der unter äußeren oder inneren Zwängen steht? Und wer steht nicht unter irgendwelchen Zwängen? Ist nicht auch der übersteigerte Konsum so einer, der einen gar nicht dazu kommen läßt, über sich selbst nachzudenken? Daher doch die ganze Oberflächlichkeit, Bequemlichkeit und Vergnügungssucht!«

Simone ereiferte sich richtig. Doch Siggi nicht weniger: »So, so, und was ist mit der Kirche und den Zwängen, die sie jahrhundertelang auf die Menschen ausgeübt hat? Z.B. die Höllenängste bei

Kindern! Darüber haben wir doch schon diskutiert. Die ganzen Neurosen, die die Kirche heranzüchtet!«
Gunther bekam wieder Oberwasser: »Ein Gott, der dauernd Vorschriften macht, von oben sozusagen, behindert zwangsläufig jede Art von Selbstverwirklichung. Erst recht, wenn ich einen ganzen Katechismus nachplappern soll! So ein Widerspruch: Es wird mir vorgeschrieben, was ich zu glauben habe! Als ob nicht Glauben aus dem Innern kommen müßte, wie man so schön sagt: aus innerster Überzeugung.«
Simone wollte etwas erwidern, doch Christian stimmte in letzterem Gunther völlig zu: »Genau! Glauben muß aus dem Innern kommen. Das hat übrigens schon Martin Luther so gesehen und deshalb der Kirche vorgehalten, sie zwinge den Menschen den Glauben nur äußerlich auf. Aber daß Gott zwangsläufig Selbstverwirklichung behindern würde, das stimmt so auch wieder nicht. Es kann doch Vorschriften geben – z.B. die 10 Gebote –, die mich auch innerlich überzeugen, weil sie eben in sich gut sind. Zuerst aber muß ich diese Vorschriften von anderen erfahren. Wie sollte denn ein Kind von selbst darauf kommen, wenn ihm niemand beibringt, was gut und richtig ist? Okay, Siggi« fügte er hinzu, als dieser gleich wieder mit der »Schwarzen Pädagogik« dazwischenfahren wollte, »daß man dabei viel falsch machen kann, ist schon klar. Aber das heißt nicht, daß Gott notwendigerweise die Freiheit einschränkt. Im Gegenteil: Für mich ist der Glaube an Gott etwas Befreiendes, etwas, was mir Kraft gibt, daß ich mein Leben – nicht nur meines natürlich – nicht als sinnlos ansehen muß.«
So ging es noch eine Weile hin und her. Man einigte sich, daß man zur Selbstverwirklichung einen Sinn im Leben brauche, daß äußere und innere Freiheit dazugehöre, aber auch Verantwortungsbewußtsein. Simone fügte hinzu, Selbstverwirklichung könne man nie allein erreichen, man brauche immer auch die anderen dazu. Aber man müsse aufpassen, daß man die anderen nicht einfach egoistisch ausnütze. »Also braucht man dazu Liebe«, ergänzte Christian, »eine echte, nicht als Liebe getarnte Egozentrik«.
Auch Siggi und Gunther stimmten zu. Siggi ging sogar noch

weiter, indem er sagte, eigentlich gehöre dazu auch noch so etwas wie Religiosität. Simone habe schon recht, man müsse sich intensiv mit den Fragen nach dem Woher und Wohin auseinandersetzen, sonst lebe man nicht wirklich bewußt. »Es gibt zwar vieles im Leben, was in sich schon sinnvoll ist, etwas Gutes tun zum Beispiel, aber einen Gesamtsinn im Leben finden, dazu braucht man doch irgend etwas Göttliches.«

Es herrschte nun solche Einigkeit, daß die Diskussion abflaute. Da man aber noch nicht nach Hause wollte, bestellte Christian noch eine Runde. Man sprach noch ein wenig über die anderen, vor allem über Petra, die Siggi eine »Fundamentalistin« nannte, worauf Simone Petra in Schutz nahm. Gunther wollte das Gespräch doch noch auf das Thema Esoterik bringen, aber Siggi gähnte so demonstrativ, daß Christian den Geldbeutel zückte.

Weiß nicht

Warum bis jetzt gelebt
ich weiß nicht warum
noch weiter mein Atem
wann hört er auf und die
Springbrunnensprache
vor meinem Fenster
Pappeln sprühendes Grün
Hundegebell und Sonntagsglocken
Amselstimmen verworrener Lärm
und Bruderzwist Blut auf Blut
der Schmerz im Zahn
im hämmernden Hirn
ach die verleugnete Seele
warum wozu

Ich weiß nicht
laß mich
nichts weiß ich

Rose Ausländer

Auf der Suche

Das Wort »Selbstverwirklichung« genießt heute einen hohen Stellenwert. Fragt man allerdings genauer nach, was damit gemeint sei, können die Antworten recht unterschiedlich ausfallen. Einigkeit besteht am ehesten darüber, daß dazu die Freiheit von äußeren und inneren Zwängen gehört und ebenso die Entfaltung der positiven individuellen Fähigkeiten. Das Ziel sei so etwas wie ein erfülltes Leben, wie immer der einzelne dies verstehen möge.
Was heißt das nun aber ganz konkret? Soll man sich beispielsweise auch auf Kosten anderer durchsetzen, eine Karriere um jeden Preis anstreben, Macht über andere gewinnen, eben weil man sich keinen äußeren Zwängen mehr unterwerfen will? (Und wer fühlte sich nicht manchmal von Vorgesetzten gezwungen?) Heißt Selbstverwirklichung Streben nach materiellem Wohlstand, auch auf die Gefahr hin, seelischen Schaden zu nehmen? Oder umgekehrt: aussteigen, sich von möglichst vielen Bindungen lösen? Oder einfach nur: das Leben in vollen Zügen genießen, solange es gut geht?

Selbstverwirklichung – ein unter Christen wenig beachteter Wert

Dabei gilt ohne Zweifel: Auch der christliche Glaube ist ein Angebot zur Selbstverwirklichung! Leider wurde diese schlichte Tatsache durch allerlei Verfälschungen und Verkehrungen, von denen teilweise in den vorausgegangenen Kapiteln schon die Rede war, bis zur Unkenntlichkeit verdeckt. Im Johannes-Evangelium spricht Jesus: »Ich bin gekommen, damit sie das Leben haben und es in

Fülle haben« (Johannes 10,10). Worin aber unterscheidet sich solches »Leben in Fülle« von dem, was man heute unter dem Anspruch der Selbstverwirklichung so alles anstrebt?
Keiner kann sich ganz allein »verwirklichen«. Wir wissen, ein Kleinkind kann sich nicht ohne liebende Zuwendung anderer so entfalten, wie es seinen Anlagen entspricht. Es hat Geborgenheit so nötig wie Nahrung. Wir wissen auch, daß Menschen nichts glücklicher macht als die Erfahrung, geliebt und gebraucht zu werden, jedoch auch selbst lieben zu dürfen. Liebe ist freilich eine Form der Bindung – keine zwanghafte jedoch, sondern eine, die frei macht! Wer je die Erfahrung machte, verliebt zu sein, weiß um ihre befreiende und bereichernde Macht. Diese ist sogar das Kriterium, ob es sich wirklich um Liebe handelt; denn es gibt auch Beziehungen, in denen entweder Egozentrik oder Ichverlust (bis hin zum Verfallensein) vorherrschen.
Positive Fähigkeiten entfalten kann nur der, der einen inneren Halt verspürt. Er braucht Selbstwertbewußtsein, das auch die unerläßliche Voraussetzung zum Liebenkönnen ist. Es muß ihm aber zuerst durch andere vermittelt werden; im Normalfall geschieht dies in der Familie, durch Freunde und alle, die ihm Gutes wollen. Doch funktioniert das nicht nach dem Modell »Einbahnstraße«: Wer um den eigenen Wert weiß, wird eher und selbstverständlicher auch für andere Gutes wollen und tun. Liebe schafft nämlich ganz von selbst einen Kreislauf des Guten.
Unversehens sind wir damit im Zentrum christlicher Ethik. Das Gebot: »Liebe deinen Nächsten wie dich selbst!« (oder anders übersetzt: »… denn er ist wie du!«) läßt sich jetzt leichter verstehen; man könnte sogar sagen: Es drückt eigentlich eine pure Selbstverständlichkeit aus. Wer sich selbst lieben, also annehmen kann, weil er sich geliebt weiß, kann auch andere lieben. Wer selbst schon oft Hilfe erfuhr, wird Hilfeleistung für andere nicht als Zwang, sondern als inneres Bedürfnis ansehen – wie der Samariter in Jesu Gleichnis (Lukas 10,30-35).

Selbstverwirklichung und die Frage nach Gott

Freilich – lieben kann auch der Nichtchrist, der Atheist. Und mitunter scheint es, als würden diese es intensiver und aufrichtiger tun als so mancher, der sich Christ nennt. Nimmt man Jesus beim Wort (genauer gesagt, beim Gleichnis vom Weltgericht nach Matthäus 25,31-46), scheint er das auch selbst so gesehen zu haben. Entscheidend ist offensichtlich allein, wie wir uns dem Hilfsbedürftigsten, dem »Geringsten« unter den Mitmenschen gegenüber verhalten, nicht aber, ob unser Taufschein stimmt!

Noch eine weitere Schicht gilt es zu sehen. Selbstverwirklichung kann man unmöglich erreichen, wenn man sich nicht klar darüber wird, wer man »selbst« eigentlich ist! Genau genommen müßte diese Frage sogar am Anfang jeder Art von Selbstverwirklichung stehen: »Wer bin ich eigentlich?« Und damit zusammenhängend: »Woher komme, wohin gehe ich?« Wer so fragt, merkt allerdings schnell, daß es darauf keineswegs einfache Antworten gibt, ja, daß sich, je intensiver man fragt, um so schwerer überhaupt Antworten finden lassen – und schließlich die Fragen selbst zur Last werden, die man nur allzu gerne beiseite schieben möchte.

Wer sie dagegen aushält, der stößt früher oder später auf die Frage nach dem letzten Grund und dem letzten Ziel – auf die Frage nach Gott.

Einer fragte Herrn K., ob es einen Gott gäbe. Herr K. sagte: »Ich rate dir, nachzudenken, ob dein Verhalten je nach der Antwort auf diese Frage sich ändern würde. Würde es sich nicht ändern, dann können wir die Frage fallenlassen. Würde es sich ändern, dann kann ich dir wenigstens noch so weit behilflich sein, daß ich dir sage, du hast dich schon entschieden: Du brauchst einen Gott.«

Bertolt Brecht

Die Frage nach dem Anfang

Woher kommen wir? Die modernen Naturwissenschaften scheinen Auskunft zu geben, indem sie die Entstehung des Lebens und des ganzen Kosmos zurückverfolgen bis in seine erste Sekunde (noch genauer: bis zum Zeitpunkt 10^{-43} Sekunden – ein unvorstellbar winziger Moment – nach dem Urknall). Sie zeigen auf, wie in Jahrmilliarden Galaxien und Sonnensysteme entstanden, wie sich vor ca. 4,6 Milliarden Jahren aus interstellarem Gas und Staub der Planet Erde bildete, wie in weiteren ungeheueren Zeiträumen langsam das Leben erwachte und sich zu schier unerschöpflicher Fülle entfalten konnte, wie erste Menschen schließlich vor vielleicht 3,5 Millionen Jahren auftraten, die als einzige uns bekannte Lebewesen im Kosmos die Fähigkeit der Reflexion bekamen, so daß sie über die Welt und sich selbst nachdenken können – und damit auch die Möglichkeit, genau diese Naturwissenschaft zu betreiben, der wir alle diese Kenntnisse verdanken.
Aber – wo ist der Anfang? Was war vor dem Urknall? Was oder wer hat das alles in Gang gesetzt, was uns, je tiefer wir mit Hilfe des Verstands vordringen, um so großartiger und wunderbarer strukturiert erscheinen muß? Ja, warum gibt es überhaupt etwas und nicht vielmehr nichts?

Gottesbeweise?

Es scheint fast so, als könnte schon der gesunde Menschenverstand Gott beweisen. Die simple Frage, weshalb es überhaupt etwas gibt, und vor allem etwas so Wunderbares wie Makro- und Mikrokosmos – muß sie nicht auf einen Gott als den Schöpfer, auf eine allererste Ursache der Wirklichkeit drängen? Thomas von Aquin (1225-1274) hat diesen Schluß im sogenannten »Gottesbeweis aus der Kausalität« gezogen. Etwas vereinfacht lautet seine Argumentation:
Alles, was wir in der Welt vorfinden, hat Ursachen, die es bedingen. Es gibt nichts, was die Ursache seiner selbst wäre. Denn jede Ursache muß zeitlich früher als ihre Wirkung sein. Dabei ergibt

sich eine bestimmte Ordnung: Ein Erstes ist Ursache eines Zweiten, dies wiederum eines Dritten usw. Wird eine Ursache aufgehoben, wird damit auch deren Wirkung beseitigt. Würde man aber bei den Ursachen ins Unendliche zurückgehen, so gäbe es überhaupt kein Erstes – dann aber, so folgert Thomas, auch kein Zweites, Drittes usw. Mit anderen Worten: Es gäbe überhaupt nichts! Da dies aber nicht der Fall ist, muß es also eine »erste wirkende Ursache« geben: Gott!

Ähnlich schließt Thomas von Aquin auch aus der sogenannten »Finalität« bzw. »Teleologie« (von griech. telos = Ziel, Zweck) auf Gott. Pflanzen und Tiere entfalten sich von ihrer Entstehung her »zielgerichtet«; obwohl sie keine Vernunft besitzen, entwikkeln sie sich in höchst vernünftiger Weise. Thomas folgert aus dieser Beobachtung:

»Daraus ist klar, daß sie nicht aus Zufall, sondern aus einer Absicht ans Ziel gelangen. Was aber keine Erkenntnis hat, strebt nicht zum Ziel, es sei denn, daß es von einem in Richtung gebracht ist, das Erkenntnis und Vernunft hat, gerade wie der Pfeil vom Schützen. Also gibt es ein Vernünftiges, von dem alle Naturdinge zu einem Ziele hingeordnet werden; und dies heißen wir Gott« (zitiert nach Thomas von Aquin, Summe der Theologie. Zusammengefaßt, eingeleitet und erläutert von Joseph Bernhart, Leipzig 1934, 1. Band, S. 25).

So einleuchtend diese Argumentation zunächst erscheinen dürfte, so wenig kann sie doch im logischen Sinne Gott »beweisen«. Logisch schlüssige Beweise dürfen in ihren Folgerungen nämlich nicht mehr enthalten als das, was in den Voraussetzungen bereits vorgegeben war. Da die Voraussetzungen der sogenannten Gottesbeweise aber aus der endlichen, mit unseren Sinnen erfaßbaren oder mit dem Verstand erschließbaren Wirklichkeit genommen sind, müßte – logisch gedacht – auch Gott selbst ein Teil von dieser sein, was offensichtlich dem Gottesglauben widerspricht. Anders gesagt: Aus der Endlichkeit der Welt kann nicht auf die Unendlichkeit Gottes (mit den Regeln der Logik) geschlossen werden.

Dennoch – auch Thomas verstand seine Beweise eher im Sinn von »Hinweisen«. Und solche dürfen wir auch heute noch in ihnen sehen. Auch der Atheist weiß ja keine logisch schlüssige Antwort auf die Frage nach dem »allerersten Anfang«. Auch er kann nicht erschöpfend darüber Auskunft geben, weshalb sich das, was mit dem Urknall ausgelöst wurde, so großartig und wunderbar und in solch unerschöpflicher Vielfalt entwickeln mußte oder durfte. Auch der kompetenteste Naturwissenschaftler steht sprachlos vor dem Rätsel, warum überhaupt etwas ist und nicht vielmehr nichts!

Der »Fels des Atheismus«

Diesen Gedanken radikal entgegengesetzt findet sich jedoch ein ganz anderes und nicht weniger triftiges Argument: Wenn es Gott wirklich geben sollte, weshalb läßt er dann das Böse und das sinnlose Leiden zu? Im 3. Akt von »Dantons Tod« läßt Georg Büchner (1813-1837) einen Deputierten des französischen Nationalkonvents sagen:

»Man kann das Böse leugnen, aber nicht den Schmerz; nur der Verstand kann Gott beweisen, das Gefühl empört sich dagegen ... Warum leide ich? Das ist der Fels des Atheismus. Das leiseste Zucken des Schmerzes, und rege es sich nur in einem Atom, macht einen Riß in die Schöpfung von oben bis unten.«

Dieses Problem stellt sich jedem, der an Gott glauben will: Wenn Gott allmächtig ist und zugleich die Liebe, wie kann er dann das Leiden Unschuldiger zulassen? Mit logischem Denken allein gerät man schnell in eine ausweglose Situation: Entweder will Gott das Leiden nicht verhindern oder kann es nicht (oder gar beides); denn die Tatsache, daß es schuldloses Leid gibt, läßt sich ernsthaft ja nicht leugnen. Warum also ließ Gott beispielshalber zu, daß Millionen unschuldiger Juden – eine unübersehbare Zahl von Kindern darunter! – in die Gaskammern getrieben wurden? Warum läßt er Naturkatastrophen zu, Erdbeben, Überschwemmungen, Wirbelstürme, die immer wieder vor allem die Ärmsten der Armen am schlimmsten heimsuchen?

Man hat oft versucht, Argumente zur Rechtfertigung Gottes (= Theodizee) zu finden. Eines davon lautet: Gott greife nicht ein, um die Freiheit des Menschen nicht zu beeinträchtigen. Was aber würde man von einem Menschen sagen, der Zeuge eines Verbrechens wird und, obwohl er die Möglichkeit einzugreifen hätte, nichts unternähme, um die Freiheit des Täters nicht zu beeinträchtigen? Man müßte ihn moralisch mitschuldig nennen und sogar wegen unterlassener Hilfeleistung belangen. Macht sich also auch Gott mitschuldig an den Verbrechen der Menschen, seiner Geschöpfe?

Ein anderes Argument: Gott läßt das Böse und das Leiden zu, um die Menschen zu prüfen. Das mag so lange angehen, solange der Geprüfte die Chance hat, die Prüfung auch zu bestehen. Wie aber ist es dann bei Erdbebenopfern, todkrank geborenen Kindern, grausam zu Tode Gefolterten? Worin sollte da noch der Sinn einer »Prüfung« bestehen?

Kein Ausweg aus dem Dilemma des Menschen

Wie man es auch drehen und wenden will, das Theodizeeproblem ist mit dem Mittel der Logik nur so lösbar: Es gibt keinen allmächtigen Gott, der zugleich liebt! Und dennoch wäre es zu kurz gedacht, wollte man sich mit diesem Ergebnis begnügen. Denn wäre dieser Schluß wirklich der einzig zwingende – wie könnte man da noch leben ohne die Gefahr, jederzeit in den Abgrund der Verzweiflung zu stürzen?

Wenn es keinen liebenden Gott gäbe: Das Leiden wäre um keinen Deut sinnvoller oder erträglicher. Ganz im Gegenteil, es bekäme eine letzte, absolute Sinnlosigkeit. Eine wahrhaft »himmelschreiende« Ungerechtigkeit, ohne Antwort, ohne Ausgleich, bliebe die unausweichliche, fürchterliche Bedingung unseres Daseins. Der Schrei der Kinder in den Gaskammern von Auschwitz, das Stöhnen der Verschütteten, das Wimmern des krebskranken Säuglings – sie wären die letzten Worte des menschlichen Daseins. Oder auch die Herzlosigkeit in Marmorpalästen und der Triumph des Henkers...

Man kann es daher auch so sehen: Gerade das empörende Unrecht, das sinnlos erscheinende Leid, sie schreien direkt nach Gott! Gott – der letzte Halt, die letzte Hoffnung vor der alles verschlingenden

Verzweiflung!Das Dilemma bleibt: für die Gläubigen wie für Atheisten.

Allmacht als Übermacht der Liebe

Wie aber, noch einmal, das Rätsel der Theodizee lösen? Vielleicht hilft die Erkenntnis weiter, daß alles, was sich über Gott sagen läßt, keine logisch gültigen »Begriffe« ergibt, sondern nur Bilder, um der unbegreiflichen Wirklichkeit Gottes ein wenig näherzukommen. Genau dies gilt es bei dem etwas schwierigen theologischen Ausdruck »Allmacht« (der ja gleich im ersten Satz des Glaubensbekenntnisses vorkommt) zu bedenken. Darunter stellen wir uns nämlich allzu schnell ein mechanisches »Alles-Können« vor. So wird aus Gott prompt eine Art Marionettenspieler, der die Geschicke auf dem großen Welttheater jederzeit kontrolliert und gegebenenfalls eingreifen kann. Es ist höchste Zeit, solch naive Vorstellungen beiseite zu legen und Gott größer sein zu lassen, als sich ihn unser Verstand ausdenken kann.

Gehen wir von der menschlichen Urerfahrung der Liebe aus. Überall, wo es Liebe gibt, übt sie auch Macht aus: Mächtig ist die Mutter, die das Kind in ihren Armen beruhigt, mächtig sind zwei Liebende, die einander faszinieren, mächtig ist die Schwester im Pflegeheim. Liebende Macht, die Macht der Liebe aber empfinden wir – wir sagten es schon – keineswegs als einschränkend oder bedrückend: Wir fühlen uns nie so frei, wie wenn wir lieben und geliebt werden.

Liest man die Evangelien unter der Fragestellung, wie Jesus Gottes Macht sieht, so stößt man auf Schritt und Tritt auf die Einheit von Macht und Liebe. Gott freut sich demnach über den Verlorenen mehr als über die Gerechten, er spricht den Schwachen und Ausgesonderten sein Reich zu, er begegnet im Geringsten zuerst: Keine mechanische »Omnipotenz« also, nein, die zärtliche Kraft der Liebe ist gemeint. Allmacht und Liebe sind nur zwei Seiten derselben Medaille, oder besser: zwei Bilder für eine einzige Wirklichkeit Gottes.

Aber noch einmal: Diese Bilder verlangen den Verzicht auf logische Begrifflichkeit. Daß Gottes Liebe allmächtig sei, bleibt zunächst nur eine Hoffnung. Sie besagt, daß alles, was uns sinnlos erscheinen muß, alles zum Himmel schreiende Leid, auf Erlösung wartet, bis heute. Gottes Liebe muß sich erst noch als allmächtig erweisen. Die Schöpfung ist noch nicht zu Ende.
In Jesus, dem Sohn Gottes, der am Kreuz hängt, in dem (wieder theologisch gesprochen) Gott die letzte Konsequenz seiner Liebe zeigt – Gott selbst solidarisiert sich mit dem Leid der Geschöpfe –, wird anschaulich, daß Gottes Allmacht kein »Deus-ex-machina«-Mechanismus ist. »Mein Gott, warum hast du mich verlassen?« schreit Jesus im Sterben. Aber dabei bleibt es nicht. Der Glaube der Christen beruht auf der Gewißheit der Auferstehung, der Zuversicht, daß hinter allem Grauen dennoch Herrlichkeit wartet.
Ein hoher Anspruch! Aber auch ein Angebot, bei der Suche nach Selbstverwirklichung auf die Liebe zu setzen, sie ganz, ganz ernst zu nehmen – bis zu ihren letzten Konsequenzen.

Allein

Ich lebe allein
mit dem Lied

Meine Fragen
werden nicht fertig

Der Himmel antwortet
nein
ja

Ich weiß nicht
wo das Ende beginnt
der Anfang endet

Rose Ausländer

4

Welchen Weg nehmen?

Gegen Abend des zweiten Weihnachtstages waren sie alle wieder versammelt. Auch Philipp und Sandra waren überraschenderweise der Einladung gefolgt. Walter bewohnte ein geräumiges Appartement; im kommenden Jahr sollte auch Daniela endlich einziehen. Den Christbaum hatte sie ganz alleine geschmückt, wie überhaupt vieles an der Einrichtung ihre Idee war.

Sitzgelegenheiten waren ausreichend vorhanden. Es gab Punsch und allerlei Gebäck. Nach einigen Ausflügen in die Weltpolitik, die sich in den letzten Wochen geradezu überschlagen hatte, kam das Gespräch dennoch bald auf die heiße Diskussion bei Danielas Geburtstagsparty zurück. Siggi erzählte auch vom außerplanmäßigen Treffen vor vier Wochen; sie hätten sich da über hochphilosophische Probleme unterhalten.

Die anderen waren natürlich neugierig und wollten Genaueres wissen. Nach einer Weile aber begann Petra, ein Erlebnis zu erzählen, das sie sehr beschäftigte. Mit einer Freundin aus dem Liturgiekreis war sie vor kurzem in einen Vortrag geraten; sein Thema schien unverfänglich: Schöpfung und Evolution. Der Referent (Petra nannte ihn andauernd nur den »komischen Heini«) aber habe den ganzen Abend nichts anderes gesagt, als daß alle Biologen gottlos seien, die an die Evolution glaubten. In Wahrheit beschreibe nur der biblische Schöpfungsbericht die Entstehung des Lebens richtig. Denn die Bibel sei das einzige Wort Gottes und müsse daher in allen ihren Aussagen wahr sein. »Es war richtig sektiererisch«, erzählte Petra. »Auch als in der anschließenden Diskussion einige, die sich in Bio auskannten, eine Menge Gegenargumente vorbrachten, ging der komische Heini gar nicht drauf

ein, sondern schrie nur, sie seien alle Atheisten! Auch ein Theologe war da, der was sagen wollte, aber mehrere Anhänger von dem komischen Typ haben ihn richtig niedergebrüllt!«
Simone wollte wissen, was für »Anhänger« das gewesen seien. »Ich kenne ein paar flüchtig«, antwortete Petra, »sie nennen sich selbst ›charismatische Christengemeinde‹. Sie veranstalten manchmal Konkurrenzgottedienste, verteilen Flugblätter und so.«
Martina erzählte, an ihrem Studienort gebe es auch so eine Gruppe. Auch Siggi kannte eine. »Lauter Spinner!« meinte er. Man diskutierte eine Weile über solch sektenartige Gemeinschaften, wobei das Stichwort »Fundamentalismus« fiel. Siggi war der Ansicht, es gebe da weltweit gewisse parallelen Strömungen, z.B. bei Moslems, Juden und Christen; letztere machten vor allem in den USA von sich reden. Die Leute bräuchten offenbar überall auf der Welt etwas Handfestes, eine klare »Wahrheit« in der Religion. »Dies wäre ja nicht weiter schlimm«, erwiderte Christian, »wenn es da nicht immer gleich zum Fanatismus käme. Aber alle, die nicht gleicher Meinung sind, werden für die da gleich zu Feinden, die vom Teufel verführt sind«.
Gunther merkte kritisch an, daß auch die Kirche oft genug fanatisch gewesen sei; man merke es manchmal heute noch. Sie hätte keinen Grund, mit dem Finger zu zeigen. Dann begann er, gewissermaßen als Alternative, seine eigenen Erfahrungen mit östlicher Spiritualität anzupreisen. Schon vor dem Abitur hatte er sich mit »esoterischen« Büchern beschäftigt. Während seines Wehrersatzdienstes hatte er dann viele Vorträge gehört und sogar mehrere Wochenendkurse für Joga und Zen-Meditation besucht. Er kam richtig ins Schwärmen: »Das Tolle daran ist, daß alles ganz individuell abläuft, alles ist offen, keiner schreibt vor, was man zu glauben hat, jeder geht seinen ganz persönlichen Weg zum höheren Bewußtsein!«
Alle außer Siggi, Simone und Christian staunten über Gunthers Vorliebe für östliche Weisheiten. Philipp fragte ihn unverblümt, was ihm denn das alles bringe, warum er so etwas nötig habe. »Das Ziel ist natürlich die Erleuchtung«, antwortete Gunther, »aber auch wenn man sie nicht erreicht: Man bekommt jedenfalls ein neues,

ein alternatives Bewußtsein. Ich merke es an mir, wie ich jetzt ganz anders lebe. Das beginnt bei der Ernährung und endet bei der inneren Ruhe. Ihr werdet doch zugeben müssen, daß nur ein radikaler Bewußtseinswandel uns vor dem Untergang retten kann. Bis jetzt ging es immer nur darum, was man alles machen kann – dabei ging die Umwelt kaputt. Man hat sich gegenseitig nur bedroht und das ganze Geld für Rüstung ausgegeben. Jetzt dämmert es schön langsam in Ost und West, daß es so nicht weitergehen kann. Wir brauchen Frieden und eine intakte Natur, aber eben auch die innere Vervollkommnung. Jeder einzelne! Also ein neues Zeitalter, warum nicht ›New Age‹?«

Gunther war so in Fahrt, daß ihn niemand mehr zu bremsen vermochte. »Und deshalb glaube ich auch an Wiedergeburt, an Reinkarnation. Jeder Mensch muß sich vervollkommnen, aber kaum jemand schafft das in einem einzigen Leben. Das mit der Schuld, das ist gar nicht so abwegig. Darüber haben wir doch das letzte Mal gestritten. Was die Kirche daraus gemacht hat, das war natürlich völlig verkehrt. Aber jeder hat die Chance, Schuld aus einem früheren Leben wieder auszugleichen. Das ist human! Nebenbei gibt es dann auch das Theodizee-Problem nicht mehr: Alles Leiden ist Folge von Schuld. Aber es ist ja nur vorläufig, in einer späteren Existenz wird es ausgeglichen. Finde ich sehr logisch.«

Da aber ging es richtig los: Man gab ihm zwar recht, was den nötigen Bewußtseinswandel anging; auch war man sich ziemlich einig, daß sich jeder innerlich vervollkommnen solle. Aber sowohl das Stichwort »New Age« als auch Gunthers Darlegungen über Reinkarnation stießen auf heftigen Widerspruch. Walter fand für alle das beste Gegenargument. Er bemerkte, wie grausam und inhuman es doch sei, einem armen, schwerkranken Mann zu sagen, er sei an seinem Schicksal selbst schuld, er habe nämlich in einem früheren Leben versagt. Und was das »Neue Zeitalter« angehe: Wieso werde denn dann die Bedrohung der Erde z.B. durch Überbevölkerung von Jahr zu Jahr größer?

Simone meinte, auch sie habe schon in verschiedenen Buchhandlungen Schriften zur Esoterik in die Hand genommen. Sie könne aber beim besten Willen nichts damit anfangen. »Was da alles behauptet wird, immer mit dem Anspruch unfehlbarer Weisheit! Da ein Stück Buddhismus, dort ein paar Bibelsprüche, ein Brocken Indianer-Religion usw. – und das Ganze wie ein neuer Katechismus zum Auswendiglernen! Es stimmt doch gar nicht, daß Esoterik offen ist – jeder behauptet doch, er habe eine höhere, absolut wahre Offenbarung!«

Wieder ging es heiß her, fast wie bei Danielas Party. Schließlich war es Sandra, die zwar bisher wenig gesagt hatte, nun aber ihren gesunden Menschenverstand ins Spiel brachte: »Was streitet ihr euch über die eine oder andere Religion? Mir kann jede gestohlen bleiben, die mich davon abhält, hier und jetzt zu leben! Jetzt bin ich noch jung, ich will mir mein Leben selbst aufbauen, da lasse ich mir von niemandem dreinreden, auch von keinem Guru! Ich habe alle Hände voll zu tun, um im Beruf vorwärts zu kommen; aber das Leben soll auch Spaß machen, ich will es auch genießen können. Ihr redet wie lauter alte Leute! Mag ja sein, später, wenn ich viel, viel älter bin, daß ich mir dann schwere Gedanken über das Jenseits mache oder so. Aber doch nicht jetzt schon! Ich lasse ja jedem seinen Glauben, wenn er ihn unbedingt braucht. Aber mich soll er in Ruhe lassen damit. Gibt es überhaupt eine Religion, die nicht verbietet, daß das Leben Spaß machen darf?«

Gunther wollte etwas einwenden, fand aber die rechten Worte nicht. Sandras Meinung schien ihm furchtbar oberflächlich zu sein, aber typisch für die Mehrzahl der Leute. Auch Petra setzte an, doch Christian nahm Sandra in Schutz: »Du hast ganz recht! Eine Religion, ein Glaube, die davon abhalten, Freude am Leben zu haben, ja, auch Spaß, die sind sozusagen Opium: Sie betrügen dich um das wirkliche Leben. Aber jetzt müßte man über das ideale Christentum reden. Dazu ist es heute wohl schon zu spät. Vielleicht ein andermal, was meint ihr dazu?«

Eine Weile redete man noch mit erhobener Stimme durcheinander; von einer geordneten Diskussion war keine Rede mehr. Petra hatte die Idee, man könnte doch nächstes Mal ihren Jugendpfarrer einladen, der sei wirklich Spitze! Sie meinte noch, der hätte bestimmt auch heute viele Fragen viel besser beantworten können.

Von dieser Äußerung fühlten sich einige ein wenig beleidigt. Siggi

meinte spitz, wenn ihr ihr Jugendpfarrer so gut gefalle, warum sollte man dann nicht zur Ausgewogenheit auch Frau Schmidthaus einladen, ihre ehemalige Religionslehrerin? »Die sah nicht nur gut aus, sondern war auch so ganz super, aufgeschlossen, nicht so vergreist wie normale Religionslehrer, die nur ihre festgefahrene Meinung verzapfen!«
Siggi war ziemlich aggressiv; er mochte Petra nicht besonders. Sein Vorschlag aber stieß auf breite Zustimmung. Es war alles nur noch eine Frage der Organisation. Petra versprach, sie werde sich darum kümmern. Man müsse ihr bloß sagen, wann alle wieder kommen könnten. Ein Termin im Frühjahr schien am ehesten geeignet.

Liebes Leben, fang mich ein,
halt mich an die Erde.
Kann doch, was ich bin, nur sein,
wenn ich es auch werde.

Gib mir Tränen, gib mir Mut, schöne Gefühle
und von allem mehr.
Mach mich böse oder gut,
nur nie ungefähr.

Liebes Leben, abgemacht?
Darfst mir nicht verfliegen.
Hab noch so viel Mitternacht
sprachlos vor mir liegen.

Konstantin Wecker

Zur Sache

Verlockende Angebote

Wenn man nach Antwort auf die letzten Fragen sucht, kann man heute schneller denn je fündig werden. Von allen Seiten stürmen geradezu Sinnangebote auf uns ein; wir brauchen nur eine gut bestückte Buchhandlung aufzusuchen, ein Volkshochschulprogramm zu studieren oder eine Zeitlang auf die Plakate zu achten, die in jeder größeren Stadt regelmäßig Vorträge kompetenter »Sinn-Spezialisten« ankündigen. Natürlich könnte man auch in eine Kirche gehen – aber die kennt man ja meist, und geärgert über sie hat man sich ja auch schon zur Genüge.

Wir leben in einer hochtechnisierten und pluralistischen Gesellschaft. Das bedeutet: Wir können nahezu beliebig an allem und jedem »kommunizieren« und uns, wenn wir wollen, ausführlich über entlegenste Dinge informieren. Noch vor wenigen Jahrzehnten war dies völlig anders. Man war auf wenige, meist einseitige Informationen angewiesen; das allgemeine »Sinnsystem« schien fest gegründet zu sein, da von der Tradition vorgegeben. Mit dem Aufkommen der Demokratie (die aber in Deutschland bis in die fünfziger Jahre kaum richtig Fuß fassen konnte) kam zum ersten Mal eine Art Pluralismus auf. Doch erst die Hochtechnisierung schuf die Voraussetzungen, daß er zu einem Hauptmerkmal unserer Gesellschaft werden konnte: durch Massenmedien wie Rundfunk und Fernsehen und eine immer größer werdende Mobilität (will heißen: wir können so schnell und billig wie nie zuvor so große Entfernungen zurücklegen).

Zu den Segnungen dieser Errungenschaften gehört es, daß eine totalitäre Weltanschauung (wie Nationalsozialismus oder Stalinismus) heute weitaus weniger Erfolgsaussichten hat als früher (was

ja auch der rasante Wandel im Ostblock belegt); ferner, daß Kritik an vorgegebenen Meinungen grundsätzlich leichter wird, aber daß sich auch jeder ein selbständiges Urteil bilden sollte.
Nachteilig für viele erscheint hingegen die damit verbundene Unsicherheit, sich zu orientieren: Wenn alles möglich sein soll, was ist dann das Richtige? Woran soll man sich noch halten? Und wenn das Eigene fragwürdig geworden ist: Vielleicht ist das Fremde, Verlockende, Exotische das Bessere – wenn es nur den Anspruch, eine tiefere Wahrheit zu bieten, mit geschickter Werbung zu vertreten weiß?

Live now – pay later?

Woran sich also orientieren? Eine für jeden unbedingt gültige Antwort kann nicht einmal eine Religion bieten, die den Anspruch absoluter Wahrheit erhebt. Denn auch Religionen sind zunächst einmal nicht mehr als »Angebote«! Dies gilt auch, wenn man in eine religiöse Tradition hineingewachsen ist; sobald man erwachsen wird und selbständig zu urteilen lernt, muß man auch Traditionen in Frage stellen können. Erst recht braucht man einen kritischen Blick, wenn man sich bei anderen Religionen und Sinnangeboten umsehen will. Wenn das Neue und Fremde lockt, dann ist besonders nüchterne Urteilskraft verlangt!
Deshalb ist es höchst gefährlich, wenn solche Sinnangebote mit der Forderung daherkommen, man müsse die »Ratio«, die kritische (oder »diskursive«) Denkkraft hinter sich lassen, da sie an allem Negativen (des »Westens«) schuld sei; man müsse sich vielmehr ganz dem »feeling« überlassen – aber die neuen »Weisheiten« ungeprüft glauben, Weisheiten, die nur »intuitiv« geschaut werden könnten (und sich daher gegen jede Kritik immun geben).
Äußerst hilfreich ist da ein Grundsatz, den man gerne und oft mit Recht gegen das Christentum vorbringt: Religion und Glaube dürfen das Leben und die Freude daran nicht behindern oder abwerten zugunsten eines (wie auch immer gearteten) »Jenseits«! »Lebe jetzt – zahle später!« Der erste Teil dieses Sponti-Spruchs birgt,

genau betrachtet, viel Richtiges: Es gilt, dieses unser Leben, dieses ganz konkrete und individuelle, zu nutzen und zu entfalten. Dazu muß man es voll bejahen, ja, und auch genießen! Leben ist ein Geschenk, so unvollkommen es auch erscheinen mag. Nicht zu Unrecht ist für einen Gläubigen alles Leben »Gnade«. Wir sind nicht nur auf Erden, um – wie es der alte Katechismus behauptete – die ewige Seligkeit zu erlangen, sondern auch und vor allem, dieses Leben jetzt voll und ganz zu leben und zu nutzen!

Sicherlich, dies könnte zu einem Mißverständnis führen, von dem in ähnlicher Weise schon beim Stichwort »Selbstverwirklichung« die Rede war, als könnte man das Leben nur egozentrisch genießen. Es wirklich genießen aber kann man nicht allein, nicht egoistisch, sondern nur, wenn man zur Liebe fähig ist. Sonst wird (um im Bild zu bleiben) die spätere Rechnung unbezahlbar! Auf der anderen Seite gehört, wie gesagt, zum Lieben auch das Bewußtsein, selbst einen Wert zu haben. Fehlt es, dann bleibt echte Lebensfreude, bleibt das Gespür für Wert und Würde jeden Lebens unbekannt.

Gründe

»Weil das alles nicht hilft
Sie tun ja doch was sie wollen

Weil ich mir nicht nochmals
die Finger verbrennen will

Weil man nur lachen wird:
Auf dich haben sie gewartet
Und warum immer ich?
Keiner wird es mir danken

Weil da niemand mehr durchsieht
sondern höchstens noch mehr kaputtgeht

Weil jedes Schlechte
vielleicht auch sein Gutes hat

Weil es Sache des Standpunktes ist
und überhaupt wem soll man glauben

Weil auch bei den andern nur
mit Wasser gekocht wird

Weil ich das lieber
Berufeneren überlasse

Weil man nie weiß
wie einem das schaden kann

Weil sich die Mühe nicht lohnt
weil sie alle das gar nicht wert sind«

Das sind Todesursachen
zu schreiben auf unsere Gräber
die nicht mehr gegraben werden
wenn das die Ursachen sind

Erich Fried

Ein Negativbeispiel: Okkultismus

»Lebe jetzt – zahle später!« Für manchen freilich bedeutet dies nur ein rastloses, hektisches Haschen nach Unterhaltung und Ablenkung, nach Erlebnissen, die eine innere Leere und Langeweile verdrängen oder wenigstens überspielen sollen. Als typisches Beispiel kann die momentane Okkultismus-Welle gelten. Es ist ja keineswegs so, daß da eine neue Religion, ein – von ganz wenigen Ausnahmen abgesehen – ernsthafter »Satanskult« im Entstehen begriffen wäre. Wenn in der Rockmusik mit Symbolen des Teufels Show (und Werbung) gemacht wird, wenn sich Millionen Heavy-Metal-Platten kaufen, dann drückt sich darin kein neuer Glaube an eine verehrungswürdige Macht des Bösen aus, sondern es geht vor allem um das prickelnde »feeling«, das zur sonstigen Langeweile einen so herrlichen Kontrast bietet... Es geht um einen – in gewisser Weise pubertären – Protest gegen die angeblichen Werte der Erwachsenenwelt, die man letztlich als wertlos, als sinnleer empfindet. Die Zukunft wird zeigen, daß es sich insgesamt dabei eher um eine Modeerscheinung als um eine ernst zu nehmende Lebenseinstellung handelte.

Ähnliches gilt sicherlich auch für allerlei Hokuspokus wie »Schwarze Messen«, Tischrücken, Pendeln und dergleichen. Langeweile und Neugier führen (zumeist junge) Menschen dazu, derlei auszuprobieren. Allerdings wächst dabei schnell die Gefahr der Abhängigkeit. Mitunter kann es sogar zu völliger Unselbständigkeit und zu Verzweiflung bis hin zum Selbstmord kommen. Denn das Böse und Unheimliche besitzen große Faszinationskraft; und mag auch der Glaube an Gott schwinden, der Aberglaube sitzt fest in den Tiefen der Seele. Auch gefestigte Persönlichkeiten unterliegen oft der Versuchung, Unglaubliches lieber für wahr zu halten als es kritisch unter die Lupe zu nehmen. Die gesamte Menschheitsgeschichte ist voll von Beispielen der Wundersucht – es scheint so, als gehöre sie direkt zu unserem Wesen!

Je mehr wir aber dabei unser kritisches Denkvermögen vernachlässigen, um so mehr gewinnen die dunklen Seiten unserer Psyche

Oberhand über unsere Eigenständigkeit und Personalität. Stets gilt es daher zu bedenken: Spiritismus ist das Gegenteil von Spiritualität!
Das Beispiel Okkultismus zeigt, daß Menschen auf der Suche nach dem wahren Leben es extrem verfehlen können, weil sie zu einem Opium greifen, das sie der Realität zu entheben scheint. Der Vorwurf, den einst Karl Marx (1818-1883) dem Christentum machte, es vertröste wie Opium über das irdische Elend hinweg, indem es eine Scheinwelt vorgaukle, ist heute kritisch gegen vielerlei Ersatzreligionen angebracht, auch gegen Sinnangebote, die von »östlicher Weisheit« oder auch der »einfachen Wahrheit der Bibel« künden.

Fundamentalismus

Als Opium wirkt auch eine Fehlform des christlichen Glaubens, die man als Fundamentalismus bezeichnen kann. Ursprünglich war damit eine in den USA aufgetretene Gruppierung innerhalb des Protestantismus gemeint, die den Anspruch, die Bibel wörtlich zu nehmen, gegen die moderne Naturwissenschaft, speziell die Evolutionstheorie, militant vertrat. Mit demselben Begriff kann man aber durchaus auch katholische Traditionalisten um den Erzbischof Lefebvre, die eine bestimmte Weise des Katholizismus (nämlich die, die vom 19. Jahrhundert bis zum 2. Vatikanischen Konzil vorherrschte) zur einzigen Richtschnur der Wahrheit erklären, oder Fanatiker von Moslem-Brüderschaften und der iranischen Schia oder sogenannte Orthodoxe in Israel benennen, die mit Schriftzitaten ihre Siedlungsgründungen im besetzten Gebiet rechtfertigen. All diesen so unterschiedlichen Gruppierungen ist eines gemeinsam: Es gibt für sie eine absolute Wahrheit, die in endgültiger und unverrückbarer Weise festgeschrieben steht, sei es in der Bibel, im alten Römischen Meßbuch, im Koran oder wo auch immer. Jeder, der auch nur ein Wort, einen Satz daraus in Frage stellt, gilt als abtrünnig, verblendet oder vom Bösen besessen. Er wird zum Feind, den es mit (fast) allen Mitteln zu bekämpfen

gilt. Militanz und Fanatismus sind daher häufige Kennzeichen der Fundamentalisten.
Nun ist es nicht so, daß sie ihre Schriften tatsächlich einfach wortwörtlich befolgten (eine Ausnahme mögen lediglich die Traditionalisten Lefebvres darstellen); selbstverständlich müssen sie diese immer wieder neu interpretieren und der Zeit anpassen. Ein gutes Beispiel dafür bieten die sogenannten »Fernsehkirchen« in den USA. Fast alle geben vor, die Hl. Schrift wortwörtlich zu lesen und zu befolgen – von historisch-kritischer Exegese, der Grundlage wissenschaftlicher Bibelarbeit, wie sie z.B. an deutschen Universitäten selbstverständlich ist, haben sie keine Ahnung oder sie verteufeln sie als »Unglaube«. Vergebens aber wird man bei ihnen nach den Konsequenzen aus Lukas 6,24 oder Markus 10,25 Ausschau halten. Dort steht nämlich: »Weh euch, die ihr reich seid; denn ihr habt keinen Trost mehr zu erwarten!« und: »Eher geht ein Kamel durch ein Nadelöhr, als daß ein Reicher in das Reich Gottes gelangt.« Die Gründer und Häupter jener Fernsehkirchen aber gehören selbst zu den Reichsten – was sie übrigens selbst keineswegs abstreiten!

Die Versuchung der einfachen Antworten

Worin liegt die innere Kraft des Fundamentalismus? Es ist die Bequemlichkeit und scheinbare Sicherheit der einfachen Antworten. Nicht von ungefähr verzeichnen Fundamentalisten da den größten Zulauf, wo die moderne Welt immer unüberschaubarer, orientierungsloser, verwirrender wird. Die Wissenschaften decken immer neue Bereiche der Wirklichkeit auf; für einen einzelnen wird es immer schwieriger, auch nur auf einem Spezialgebiet den Überblick zu behalten. Hand in Hand mit überkommenen Kenntnissen werden auch vertraute Werte und Sinndeutungen täglich mehr in Frage gestellt, geraten sie in Konkurrenz mit neuen, bisher unbekannten. Je ungefestigter die eigene Persönlichkeit, um so schwerer ist es, die auftretenden Spannungen und Unsicherheiten zu ertragen. So wird man empfänglich für »Wahrheiten«, die sich mit der Aura des Göttlichen, Unbedingten und Unverfälschten umgeben. Ein übriges bewirkt die grundsätzliche Schwierigkeit, zwischen Schein und Sein zu unterscheiden, jedoch auch die Bereitschaft, dualistisch, d.h. in Schwarz-Weiß- und Freund-Feind-Schemata zu denken (was den Überblick sehr vereinfacht), daß religiöse Vorstellungen und Überzeugungen immer wieder Gefahr laufen, Opium zu werden und so das eigentliche, erfüllte Leben zu verfehlen.

Die Botschaft vom »Neuen Zeitalter«

Zum Opium kann aber auch eine Ideenwelt werden, die dem Anspruch nach jeglichem Fundamentalismus diametral entgegengesetzt ist. Anschauungen, die sich als »esoterisch« bezeichnen, behaupten allesamt, sie könnten den Menschen aus der Enge und Einseitigkeit traditioneller Religion (in der Regel des Christentums) herausführen und ihn »offen« und empfänglich für eine universale Wahrheit machen. Damit treffen sie genau auf die Empfänglichkeit derjenigen, die sich zwar durchaus kritische Gedanken über die Realität machen und die Unzulänglichkeit traditioneller Vorstellungen und Dogmen zu analysieren vermögen, aber gerade deshalb nach innerem Halt suchen. »New Age« und »Esoterik« geben heute die wohl faszinierendsten Angebote für den intelligenten religiösen Sucher ab.
Die Anfänge der New-Age-Bewegung in den USA gehen auf die frühen siebziger Jahre zurück. Ein Vorspiel war schon das Musical »Hair«, das 1968 den Anbruch des heilbringenden Wassermann-Zeitalters beschwor. (In Europa entwickelte sich die bereits 1962 in Schottland gegründete Findhorn-Kommune zum bis heute größten New-Age-Zentrum.)
Der Begriff »New Age« meinte ursprünglich den Übergang vom Zeitalter der Fische in das des Wassermannes. Nach astrologischer Berechnung durchläuft die gedachte Verlängerung der Erdachse in knapp 26 000 Jahren den gesamten Tierkreis. Das Zeitalter der Fische, das die letzten 2000 Jahre galt, war danach einseitig auf

Rationalität, auf berechnende Vernunft ausgerichtet. Im Wassermann-Zeitalter werde sich dagegen östliches, meditatives und »ganzheitliches« (= »holistisches«) Denken durchsetzen und die Harmonie von Mensch und Kosmos herbeiführen.

Der bekannteste Vertreter des New Age, der kalifornische Physiker Fritjof Capra, beschreibt in seinen Büchern (Capras bekanntestes Buch ist: Wendezeit. Bausteine für ein neues Weltbild, München 14. Aufl. 1987) ein neues »Paradigma«, das »holistisch«, »ökologisch« und »feministisch« sei und die Versöhnung von westlicher Naturwissenschaft und östlicher Spiritualität beinhalte. Das neue Bewußtsein – so die im New Age vorherrschende Auffassung – werde sich mit Hilfe eines »Netzwerkes« ausbreiten, das die noch bestehenden politischen Großorganisationen ablösen werde.

Capras Weltmodell (auf das wir uns als Beispiel beschränken) läßt sich etwa so skizzieren: Der Kosmos ist eine materielle und spirituelle Einheit. Alle seine Bausteine, darunter vor allem das menschliche Gehirn, enthalten die Prinzipien des gesamten Universums und sind miteinander »vernetzt«. Materie, Leben und Geist unterscheiden sich nur durch den Grad an »Komplexität« und »Dynamik der Selbstorganisation«. Gott (besser: die Gottheit) ist identisch mit der »Selbstorganisations-Dynamik des gesamten Kosmos«.

Esoterik – die neue Botschaft vom Heil

Mittlerweile ist New Age fast gleichbedeutend mit »Esoterik« geworden und damit zum Sammelbegriff für allerlei Strömungen einer »vagabundierenden« Religiosität, die vor allem mit dem herkömmlichen Christentum nicht mehr viel anzufangen weiß. Ihm wird – neben den bekannten dunklen Kapiteln seiner Geschichte – hauptsächlich zum Vorwurf gemacht, es habe zum einseitig technischen Denken des Westens geführt. Dem wird die Faszination des Ostens entgegengestellt: Versenkung ins eigene Innere, Erleuchtung, Einheitserfahrung, Weiterleben und Vervollkommnung durch Wiedergeburt.

Schnell findet man dabei Übereinstimmungen von buddhistischer

Weisheit, griechischer Philosophie, Humanistischer Psychologie, Joga, Jesus und Schamanismus. Man braucht nur Sätze und einzelne Elemente aus ihrem (historischen) Kontext zu nehmen und mit einer vorgefaßten Dogmatik (die sich aber als solche nicht gleich zu erkennen gibt) zu verknüpfen – schon reihen sich die Perlen aller Religionen und Philosophien der Menschheit in neuer, tieferer (und zugleich höherer) Spiritualität nahtlos und großartig aneinander!

»Esoterische« Zentren und Gemeinschaften gibt es inzwischen in unübersehbarer Anzahl. Bücher zu dieser Weltanschauung machten in den letzten Jahren teilweise bis zu 10% des Umsatzes im deutschen Buchhandel aus. So hat Esoterik vor allem auch eine kommerzielle Seite. Autoren und Verlage, Kursleiter und Kongreßveranstalter leben ganz gut davon.

Hintergründe des Erfolgs sind unschwer auszumachen. Ein weltweites Krisenbewußtsein, die Bedrohung durch eindimensionales, einseitig rationales und die Technik verherrlichendes Denken (Stichworte sind Hochrüstung und Umweltzerstörung), die Unübersichtlichkeit der modernen Welt, die Sinnlosigkeit des bloßen Konsumierens, aber auch das Versagen des Christentums und der Kirchen spielen ebenso eine entscheidende Rolle wie das Bedürfnis nach Stille und innerer Ausgeglichenheit, nach persönlicher Entfaltung und Freiheit von dogmatischer Enge. Darf man sich zudem bei der Suche nach Erleuchtung mit anderen, ja dem ganzen Kosmos »vernetzt« fühlen, dann erscheint der Weg ins persönliche und universelle Heil breit und offen.

Das Gute an der Esoterik

New Age und Esoterik kommt bei aller Fragwürdigkeit ihrer Inhalte das Verdienst zu, viele erst auf weltweite Zukunftsprobleme aufmerksam gemacht zu haben und damit Anstoß zu einem notwendigen Bewußtseinswandel zu geben. Die Überwindung einseitiger Technikverklärung, die Notwendigkeit, einen vordergründigen Materialismus und die Ideologie des bloßen Konsumierens aufzugeben, das Bestreben, Probleme möglichst ganzheitlich, d.h. umfassend und von allen Seiten zu betrachten, die Erkenntnis, daß das Ganze eben mehr ist als die bloße Summe seiner Teile – dies alles mag manchem erst durch die Beschäftigung mit New Age und Esoterik ins Bewußtsein gekommen sein. Auch ein neues, einfühlsameres und rücksichtsvolleres Verhältnis zur Natur und eine neue Sensibilität für Transzendenz – vorrangige Forderungen dieser Bewegung – verdienen Anerkennung und Unterstützung. Über die Notwendigkeit eines globalen Gesinnungswandels als Voraussetzung für eine lebenswerte, humane Zukunft sollten sich ja nicht nur die Anhänger von New Age und Esoterik einig sein. Und daß man solche Gedanken offensichtlich nicht vom traditionellen Christentum bezog, sondern sie sich vor allem aus fernöstlichen Kulturen holte, müßte ein Alarmsignal für Kirchen und gläubige Christen sein.

Gefahren überwiegen

Auf der anderen Seite sind die Gefahren, die mit einem unkritischen Verhältnis zur Esoterik gegeben sind, nicht zu übersehen. Die Forderung nach einem neuen Bewußtsein geht nämlich oft mit einem kämpferischen Anti-Rationalismus einher, einer Vernunftfeindlichkeit, die an Naivität grenzt. Dabei sind die uns heute bedrängenden Weltprobleme auf keinen Fall ohne Vernunft, auch nicht ohne Technologie lösbar: Die Folgen von Tschernobyl, die chemische Verseuchung unserer Gewässer, das Ozonloch oder der Raubbau an den Regenwäldern lassen sich doch nicht einfach »hinwegmeditieren«! Daß die Bewußtseinsänderung einzelner automatisch zu einer heilen Welt führen müsse, ist ein gefährlicher Trugschluß, und der bloße Rückzug ins Ego eine verantwortungslose Abkehr von sozialer und politischer Verpflichtung. Was wir vielmehr nötiger denn je haben, sind möglichst viele »ganzheitlich« denkende und gerade deshalb soziale und politische Verantwortung übernehmende Menschen überall auf der Welt!
Bedenklich wird Esoterik immer dann, wenn kritisches Denken als

»Verkopfung« denunziert und seine Ausschaltung gefordert oder gar »Ego-Zertrümmerung« als notwendig hingestellt wird, um »Erleuchtung« zu erlangen. Dann wird der einzelne, meist ohne es zu merken, vereinnahmt und fast immer auch kommerziell ausgenutzt. Daher darf ein »neues Bewußtsein« Kritik nicht auf das sogenannte alte beschränken, sondern muß sich auch selbst darin einbeziehen.

Joga, Zen und innere Ruhe

Damit ist auch schon eine Orientierungshilfe für den Umgang mit Anschauungen und Praktiken gegeben, die nicht aus unserem Kulturkreis stammen. Seit Jahrzehnten kennt man im Westen schon Jogaübungen und -kurse. Joga (wörtlich: »Joch« = Selbstzucht, Disziplin) gehört von seinem Wesen her zur Religion des Hinduismus. Dort bedeutet es einen jahrelangen und mühevollen ethischen Weg der Selbstüberwindung und Askese, ohne den man nicht zur eigentlichen Meditation, geschweige denn zur Erleuchtung gelangen kann.

Jogapraktiken, die im Westen üblich sind, verzichten normalerweise auf diesen ethisch-religiösen Bezug. Man wendet sie in der Regel lediglich als Mittel zur Konzentration und zur Überwindung von Nervosität, Hektik und Streß an.

Um zu innerer Ruhe zu kommen, versuchen sich immer mehr auch auf dem Weg der Zen-Meditation. Zen (wörtlich: Meditation) entstand auf dem Boden des japanischen Buddhismus (in zwei Schulen: Rinzai und Soto), wird aber auch in Klöstern bei uns praktiziert. Zen ist wohl der konsequenteste und intensivste Weg, Meditation zu üben; sein angestrebtes Ziel ist eine Erleuchtungserfahrung, die »Satori« genannt wird. Ob Zen in letzter Konsequenz die Übernahme buddhistischer Spiritualität erfordert, sei dahingestellt. Auch kann über die Art des »Satori« nur der Erkenntnis besitzen, der es schon erfahren hat. Ausdrücklich verneint man im Zen die Möglichkeit, Satori mit Worten zu beschreiben.

Joga und Zen bieten zwei ernst zu nehmende und großartige Wege, innere Ruhe und Ausgeglichenheit zu finden. Wer das Bedürfnis empfindet, in der Hektik alltäglicher Geschäftigkeit wieder zu sich selbst zu kommen, kann diese Angebote nutzen. Kurse und Anleitungen dazu bieten sich in Fülle. Wiederum aber gilt es sich vor einer Gefahr zu hüten: In dem Moment, in dem sich Meditationspraktiken verselbständigen, d.h. vom konkreten Alltag und seinen berechtigten Anforderungen ablenken oder sie verdrängen, führen sie nicht mehr zu einem bewußteren und erfüllteren Leben, sondern werden wie so manche Fehlform von Religiosität zum Opium. Maßstab für die Eignung von Joga und Zen ist das Maß, nach dem sie den einzelnen fähig machen, den Lebensalltag zu meistern. Manche, die von sich behaupten, »Versenkung« zu kennen, bieten leider das Bild introvertierter, von ihrer realen Umwelt abgewandter Zeitgenossen, die sich nur selten zu sozialem Handeln bereit finden. Richtig angewandt, müßten Joga und Zen aber die innere Ausgeglichenheit schaffen, durch die der einzelne engagierter und freudiger sozial aktiv und liebesfähig werden kann. »Versenkung« kann nicht mehr als eine Hilfe sein, um aus innerem Antrieb das Richtige und Gute zu tun. Und wer durch Zen zu Gott finden will, der möge sich prüfen, ob er dabei nicht vielleicht den Geringsten seiner Mitmenschen übersehen hat.

Erlösung durch Wiedergeburt?

Wie bedenklich eine unkritische Übernahme von Elementen anderer Kulturen sein kann, sei zum Schluß am Beispiel der Reinkarnations-Idee aufgezeigt. Reinkarnation, d.h. Wiedergeburt nach dem Tod in einer neuen irdischen Existenz, gab es als Vorstellung vereinzelt schon in der europäischen Antike (z.B. bei Pythagoras und Platon), ihr eigentlicher und heute aktueller Ursprungsort findet sich jedoch in den Religionen des Hinduismus und Buddhismus. Wiedergeburt (»Samsara«) ist dort die Folge einer »Seelenprägung« (»Karma«). Diese entsteht durch die guten und schlechten Taten des einzelnen im Laufe seines Lebens. Solange das Karma noch nicht völlig beseitigt ist, d.h. die Seele noch nicht vollkommen werden konnte, muß diese sich – als Strafe (!) – nach dem individuellen Tod wieder neu in einen Körper begeben, bis sie nach einer unterschiedlich langen Folge von Wiederverkörperungen endlich ins erlösende »Brahman« (hinduistisch = »All-Eines«) oder »Nirvana« (buddhistisch = »Nicht-Wehen«, »Ausgelöschtsein«) eingehen darf.

So faszinierend die Vorstellung der Reinkarnation für viele im Westen sein mag, so problematisch muß sie bei genauerer Betrachtung erscheinen. Zunächst freilich verliert bei dieser Vorstellung das Theodizeeproblem sein Gewicht: Leiden, das nur unverschuldet erscheint, ist die Folge von Verfehlungen in einer früheren Existenz. Jeder aber besitzt die Möglichkeit, so vollkommen zu werden, um in einem späteren Leben bessere Bedingungen vorzufinden. Im Westen mag zudem noch die Hoffnung eine Rolle spielen, daß mit dem individuellen Tod doch nicht alles zu Ende ist, sondern eine konkrete und leicht vorstellbare Form des Weiterlebens folgt. – Im Gegensatz dazu bietet die Wiedergeburt in den östlichen Religionen an sich keinen Trost, da für diese der Grundsatz gilt, alles Leben sei Leiden oder Verblendung.

Wir können davon absehen, nach dem Wahrheitsgehalt des Reinkarnationsgedankens zu fragen (angebliche Wiedererinnerungen an frühere Existenzen durch Hypnose können bisher nicht als wissenschaftlich bewiesen gelten). Die eigentliche Problematik liegt in der Überzeugung, daß jedes individuelle Leiden selbstverschuldet ist. Dies hieße z.B. konkret, daß der wegen der Habgier anderer Verhungernde, daß das mit offenem Rückgrat geborene Kind, die Opfer von Naturkatastrophen oder die vergasten Säuglinge von Auschwitz nur ihr Karma einer früheren Existenz abbüßen mußten! Und schlimmer noch: Was soll da noch die Hilfe im Sinne des Gleichnisses vom Samariter (Lukas 10,30-37) oder vom Gericht über die Welt (Matthäus 25,31-46), in dem Jesus den entscheidenden Satz jüdisch-christlicher Ethik spricht: »Was ihr für einen meiner geringsten Brüder (= Mitmenschen) getan habt, das habt ihr mir getan« (Matthäus 25,40)?

Wenn alles Leiden nur Folge eigener Verfehlung ist, könnte ja barmherzige Hilfe sogar verhindern, daß der Leidende sein Karma

abtragen kann – also würde ich damit sein Leiden und die Kette seiner Wiedergeburten nur verlängern! Es nimmt daher nicht wunder, daß es auf dem Boden von Hinduismus und Buddhismus keine ausgeprägte Sozialethik im Sinne biblischer Nächstenliebe gibt. Zwar soll der buddhistische Mönch selbstlos und gütig sein, aber nur, um sich selbst zu vervollkommnen, nicht aber, weil der Hilfsbedürftige einen absoluten Wert an sich hätte oder gar ein Ebenbild Gottes wäre!
Man sieht: So verlockend vieles auf den ersten Blick erscheinen mag, es kann als Lebenshilfe oft nur beschränkt geeignet oder gar untauglich sein. Wie aber steht es mit dem Angebot des Christentums? Von seinen Problemen war schon viel die Rede. Könnte es aber sein, daß der christliche Weg, recht bedacht, für uns doch eine entscheidende Möglichkeit zu leben bietet?

Weltflucht

Ich will in das Grenzenlose
Zu mir zurück,
Schon blüht die Herbstzeitlose
Meiner Seele,
Vielleicht ists schon zu spät zurück.
O, ich sterbe unter euch!
Da ihr mich erstickt mit euch.
Fäden möchte ich um mich ziehen
Wirrwarr endend!
Beirrend,
Euch verwirrend,
Zu entfliehn
Meinwärts.

Else Lasker-Schüler

5

Ein theologisches Wochenende

Jugendpfarrer Dr. Johannes Seibold hatte den kleineren Gruppenraum des Pfarrzentrums für das »theologische Wochenende« ausgewählt. Etwa 20 Personen würden es wohl werden. Petra war nämlich die Idee gekommen, auch ihren kompletten Liturgiekreis mit einzuladen (so würde sie mit ihren Ansichten nicht wieder ganz alleine dastehen, dachte sie). Außer Helga und Walter hatte die ganze Clique zugesagt. Und um 14 Uhr waren wirklich auch alle da.

Jugendpfarrer Seibold hatte mit Frau Schmidthaus eine Art Arbeitsteilung ausgemacht. Von ihr stammte die Idee, zwischen Glaubensinhalten und den ethischen Konsequenzen zu trennen. Über die Ethik wollte sie selbst am Sonntagnachmittag etwas sagen, während den ersten Teil Pfarrer Seibold übernehmen sollte. Dieser war einverstanden. Man solle jeweils nur eine Stunde selber vortragen und die restliche Zeit zur Diskussion nutzen – falls die jungen Leute einverstanden seien.

Sie waren es. Dr. Seibold begann seinen Vortrag: »Einige Kernpunkte des christlichen Glaubens«. Anfangs wies er darauf hin, daß man alles, was er vortragen wolle, natürlich viel besser in Büchern nachlesen könne. Er wolle sich heute darauf beschränken, sozusagen in Stichpunkten zusammenzufassen, was ihm persönlich an den Glaubensinhalten besonders wichtig sei.

Dann begann er mit einem Satz aus dem Neuen Testament, der lautet: »Gott ist die Liebe«. Das sei der wichtigste Satz des Christentums überhaupt. Von da aus kam er auf die Begriffe Schöpfung und Erlösung zu sprechen. Grund und Ziel der Welt und des Menschen sei genau jene göttliche Liebe. »Leben ist nur durch

Liebe möglich«, sagte er dabei – ein Satz, den sich Petra, die als einzige mitschrieb, gleich zweimal unterstrich. Pfarrer Johannes, wie er im Liturgiekreis genannt wurde, sprach dann von der Macht des Bösen, die sich überall der Liebe und dem Leben entgegenstelle. Die Auferstehung Jesu aber zeige, daß diese Macht nicht siegen werde: »Auferstehung ist der Triumph des Lebens durch die Liebe!« (Petra unterstrich auch diesen Satz zweimal.)

Was er anschließend über die Dreifaltigkeit sagte, war in der gebotenen Kürze etwas schwer verständlich. »Allzu theologisch«, brummte Gunther ziemlich laut. Siggi war ähnlich unzufrieden und legte sich eine scharfe Frage für hinterher zurecht. Schließlich streifte Pfarrer Johannes auch noch die Stichworte »Sakramente« und »Kirche«. Da aber die Zeit schon überschritten war und die Zuhörer, vor allem der Liturgiekreis, unruhig zu werden begann, begnügte er sich mit ein paar Sätzen. Er werde aber, falls gewünscht, gerne darüber noch mehr sagen. Zunächst aber sei eine längere Pause bei Kaffee und Kuchen angebracht.

Insgesamt hatte er seine Sache gut gemacht, das fanden sogar Siggi und Gunther. Besonders beeindruckt waren offensichtlich Philipp und Sandra. Philipp war sogar der erste, der sich zu Wort meldete: Er habe so etwas heute zum ersten Mal gehört. »Wenn das in der Kirche immer so zuginge, dann käme ich auch öfter. Mehr Leben und Liebe – genau da fehlt's in der Kirche! Allerdings, warum muß es gleich wieder so kompliziert werden, mit drei Personen und zwei Naturen oder so ähnlich? Das schreckt doch die Leute nur ab, oder?«

Hier hakte Siggi ein und meinte, genau so habe er auch empfunden. Er sei zwar mit dem meisten einverstanden, obwohl er natürlich auch manchmal Zweifel habe, ob denn der Satz vom Gott der Liebe nicht vielleicht nur eine schöne Illusion sei. Dann sprach er ausführlich vom Theodizeeproblem, aber einige murrten über sein langes Gerede. Er setzte sich aber durch und äußerte noch seine Bedenken zum Dogma der Dreifaltigkeit. »Wäre es nicht besser, die Kirche verzichtete einfach auf solche Spitzfindigkeiten, die überhaupt nicht mehr in unser Weltbild passen?«

Damit forderte er freilich den energischen Protest des Liturgiekrei-

ses heraus. Er komme sich wohl furchtbar gescheit vor; in früheren Zeiten hätten die Menschen vielleicht besser über Gott und die Welt Bescheid gewußt. Pfarrer Johannes solle doch bitte noch etwas ausführlicher über die Dreifaltigkeit sprechen.
Das tat er, wobei ihn Frau Schmidthaus unterstützte. Dennoch konnten sie nicht alle zufriedenstellen. Gunther, der immer wieder den Kopf schüttelte, meinte, das sei ja alles gut und schön, aber doch eben nur eine menschliche Vorstellung von Gott. In anderen Religionen gebe es daher auch ganz andere Auffassungen, z.B. im Buddhismus, wo Gott überhaupt keine Person sei. So ging es noch eine Weile hin und her. Frau Schmidthaus stellte klar, es handle sich auch beim Dreifaltigkeitsdogma erstens um eine bildhafte Ausdrucksweise und zweitens auch nur um eine Art Glaubensangebot. Man könne es vielleicht besser akzeptieren, wenn man seine Konsequenzen für unser Leben bedenke. Dies wolle man am nächsten Nachmittag tun; man solle bitte noch ein wenig Geduld haben.
Dann wollte Simone noch ein wenig mehr über die Sakramente wissen. Doch traf sie damit nicht das allgemeine Interesse. Während also Pfarrer Johannes von der Bedeutung von Symbolen sprach, daß sich die Wirklichkeit Gottes in bestimmten Zeichen erweisen könne, hörten nur noch wenige zu. Die meisten führten Privatdiskussionen, und auch Petras Wunsch, noch über die Kirche zu sprechen, blieb ohne Widerhall. Frau Schmidthaus vertröstete sie auf morgen.
Ohnehin wurde es draußen schon dunkel. Pfarrer Johannes mußte sich für den Abendgottesdienst fertig machen, an dem auch einige aus der Clique teilnehmen wollten – selbst Sandra und Daniela, die schon lange keine Kirche mehr von innen gesehen hatten, wie sie selbst zugaben. Ganz zum Schluß kam auch Walter und ging gleich mit. »Aus Interesse«, wie er sagte.

Pfarrer Johannes griff in seiner Predigt einige Gedanken vom Nachmittag auf und führte sie zugleich fort. Er begann mit der Aufforderung, jeder solle einmal nachdenken, wann er zuletzt – oder überhaupt schon einmal – eine Art religiöser Erfahrung gemacht habe, mit anderen Worten: wann und wie er die Existenz Gottes bzw. einer anderen Wirklichkeit verspürt habe.

Hierauf ließ er drei Minuten Stille folgen (er liebte etwas unkonventionellere Gottesdienstformen, woran sich übrigens auch die vielen älteren Leute, die regelmäßig kamen, längst und nicht ungern gewöhnt hatten). Den jungen Freunden schien die Idee zu gefallen. Hätte sie jemand beobachtet, hätte er wohl gestaunt, wie andächtig sie in ihren Bänken saßen.

Dann erzählte Pfarrer Johannes von sich selbst. Seine erste, ganz tiefe Erfahrung mit Gott habe er mit 17 Jahren gehabt, als er mit Freunden eine mehrtägige Bergtour in der Schweiz unternommen habe. »Zum ersten Mal erlebte ich damals die Großartigkeit der Schöpfung. Wenn wir abends vor der Berghütte saßen, mußten wir einfach ein Loblied auf den Schöpfer anstimmen, so romantisch war uns ums Herz. Richtig kitschig, mögen andere sagen, die eben nur mit dem Kopf, nicht mit dem Herzen sehen können.« Ja, und am letzten Tag, da sei es passiert: »Plötzlich bin ich an einer ganz harmlosen Stelle gestolpert, ich verlor das Gleichgewicht und rutschte einen steilen, vielleicht 50 Meter tiefen Abhang hinunter. Beim Sturz dachte ich blitzschnell: Jetzt ist es aus! – Aber plötzlich war da ein Strauch im Weg, der mich abfing. Fast nichts war mir zugestoßen: harmlose Prellungen, ein bißchen Haut abgeschürft, ein Schlüsselbeinbruch. Für mich aber stand fest: Diese Rettung war kein Zufall. Mir fiel es wie Schuppen von den Augen: Gott existiert, Gott hilft.«

Dann sprach er über weitere Erlebnisse und Möglichkeiten, etwas von Gott zu erahnen. »Wir müssen erkennen, daß die Dinge nicht nur eine Oberfläche haben. An kleinen Dingen oder großen Ereignissen geht einem etwas auf – andere sprechen vielleicht von Zufall. Antoine de Saint-Exupéry läßt den Fuchs zum kleinen Prinzen sagen: ›Man sieht nur mit dem Herzen gut. Das Wesentliche ist für die Augen unsichtbar.‹ – Genau dies ist der Schlüssel zur religiösen Erfahrung.«

Ein toller Gottesdienst! Statt Liedern spielte eine Frau aus der Gemeinde zarte, sehr leise Melodien auf der Orgel. Nur am Schluß ließ sie alle Register los zum »Te Deum«. Und selbst Siggi brüllte

direkt das »Großer Gott, wir loben dich!« mit. Schön klang es nicht gerade, aber es kam von Herzen.
Hinterher ging man ziemlich schnell und fast wortlos auseinander. Seltsamerweise traf es sich aber, daß Martina, Daniela, Petra und Siggi noch an der Ecke beisammenstanden. Martina fragte die anderen, was sie von der Predigt hielten. Offensichtlich wollte sie etwas loswerden, worüber sie sonst nicht redete: Sie habe auch mal ein besonderes Erlebnis gehabt, und doch wieder ein ganz anderes als das, von dem Pfarrer Johannes erzählt habe. Dann brach es aus ihr hervor: Vor eineinhalb Jahren etwa war ihr Freund bei einem Motorradunfall ohne jede Schuld tödlich verunglückt. Am Abend zuvor, als sie ihn zum letzten Mal gesehen habe, sei ihr die Verabschiedung so eigenartig vorgekommen. Er habe sie irgendwie zärtlicher geküßt als sonst, als wäre es ein Abschied für lange Zeit. Dabei habe man sich doch bereits am nächsten Wochenende wieder treffen wollen. »Als ich dann vor seinem Grab stand, seinen Sarg unter mir, da war mir schlagartig klar: Wir sehen uns wieder, in einer anderen Wirklichkeit, und dann wird uns nichts mehr trennen. Seitdem ist mir Manfred schon oft im Traum begegnet, erst die letzte Nacht wieder.«
Dann heulte sie los. Daniela legte ihren Arm um sie – eine sehr innige Situation. Siggi war sehr verlegen; deshalb sagte er schnell, auch er kenne so etwas wie religiöse Erfahrungen. »Lacht mich nicht aus, ob ihr es glaubt oder nicht: Wenn es mir miserabel geht – und das ist gar nicht so selten – dann gehe ich, wenn möglich, in unsere Universitätskirche, wo fast immer jemand vom Konservatorium Orgel spielt. Da setze ich mich ganz still hin und hör nur zu. Und wie das unter die Haut geht: Ich fast ganz allein in der riesigen alten Kirche, die gewaltige Musik und das Dämmerlicht. Da denke ich immer, es gibt doch etwas Göttliches. Hinterher nach einer halben Stunde Dasitzen bin ich wieder o.k.«
Auch Daniela war im Gottesdienst nachdenklich geworden: Auch sie kannte so etwas wie religiöse Empfindungen. Sie kamen meist dann über sie, wenn sie in Walters Armen besonders glücklich war! Jetzt freilich, da Martina an den Tod ihres Freundes dachte, wollte Daniela nichts davon erzählen, schon gar nicht, daß sie oft

ein kleines Dankgebet im Herzen sprach, bevor sie an Walters Brust einschlief. Jedesmal empfand sie die Liebe neu als Geschenk des Himmels.

Allmählich löste sich auch der Druck nach Martinas Erzählung. Petra indessen begann, von Siggis Bekenntnis begeistert, drauflos-zureden: »Also meine religiösen Erfahrungen, die hängen mit dem zusammen, was Pfarrer Johannes mit dem Hinter-die-Dinge-Sehen gemeint hat. Ich weiß nicht, wie es dir geht, Martina, aber ich kann oft stundenlang unserem Jockel, dem Papagei, zusehen. Wie er sein Gefieder putzt oder bettelt, daß ich ihm den Kopf streichle! Mir genügt eine einzige kleine Feder, die er verliert – wenn ich sie genau anschaue, weiß ich: So etwas bringt kein Mensch fertig, nicht einmal die kann aus Zufall entstanden sein. Für mich ist sie ein unwiderlegbarer Gottesbeweis!«

Siggi juckte es, eine ironische Bemerkung über Petras Vogel zu machen. Doch plötzlich merkte er, daß er das nicht durfte. »Furchtbar kitschig geht es hier zu«, fuhr es ihm durch den Kopf. Gott sei Dank war es so dunkel, daß niemand bemerkte, wie er sich auf die Lippen biß. »Alles Kitsch!« wollte er sich einreden, aber so leicht – spürte er – kam er davon nicht los.

Wo standen die ähren
wenn der wind sie bog
die körner zu reifen

was dachte der
auf der sämaschine
der auf dem mähdrescher
und der müller am mahlwerk
und die lastwagenfahrer
die herbrachten das mehl
das die basis abgab

für das kulinarische kunstwerk
das ich genüßlich zerstörend
erkenne

nicht auszudenken
die menschen
die emsig sich mühten
und müde wurden um meinetwillen

nicht auszumessen
die landschaften
die hervorbrachten
was ich nun verzehre

nicht auszudanken
die güte des schöpfers
noch jenseits von eden.

Rudolf Bohren

Zur Sache

Und das christliche Angebot?

Wenn nun vom christlichen »Angebot« die Rede sein wird, so ist vor einem Mißverständnis zu warnen: Die Fülle an Inhalten des Glaubens kann man natürlich auch nicht annäherungsweise in ein einziges Kapitel pressen. Worum es hier geht, das sind nur Andeutungen, Anstöße und Hinweise darauf, wieviel »Perlen« im Christentum verborgen liegen. Ich möchte ein wenig Lust darauf machen, sich einmal (oder wieder) mit dem christlichen Glauben zu beschäftigen und zu fragen, was er eigentlich will. Ist das Interesse erst einmal geweckt, dann hilft jede gute Buchhandlung mit theologischer Abteilung weiter; beim Herumblättern dort wird man bestimmt rasch fündig.
Dennoch: Auf einige zentrale Punkte des christlichen Gottes- und Menschenbildes müssen wir jetzt zu sprechen kommen. Beides gehört zusammen: Wer vom Gott der Christen spricht, muß in einem Atemzug auch vom Menschen sprechen. Und umgekehrt: Wer als Christ vom Menschen spricht, redet zugleich auch von Gott.

Eine Frage zu Anfang: Wie macht man eigentlich religiöse Erfahrungen?

Zum Glauben kommt man nicht alleine mit dem Kopf. Was Antoine de Saint-Exupéry so unübertrefflich formulierte, man sehe nur mit dem Herzen gut, weil das Wesentliche den Augen unsichtbar bleibe, trifft exakt den Kern jeder religiösen Erfahrung. Es müssen irgendwann die inneren Augen aufgehen, um das zu erkennen, was die Oberfläche nicht preisgibt.

Es gibt tausend Möglichkeiten: Für jeden können religiöse Erfahrungen anders aussehen. Der eine verspürt bei einem besonderen Naturerlebnis auf einmal, daß da ein Schöpfergott ist. Dem anderen wird dies bewußt, wenn er bloß seinem Hund in die Augen schaut. Ein dritter muß erst durch das Tal der Verzweiflung, um schließlich zu erkennen, daß er doch gehalten wird von einer höheren, gütigen Macht. Einem vierten geht in der Liebe zum Partner auf, wie überströmend erst die Liebe des Schöpfers sein muß. Oder man weiß plötzlich, daß der, den man eben zu Grabe begleitet, lebt – in einer ganz anderen Dimension. Vielleicht empfindet man einen heiligen Schauer bei mächtigem Orgelklang im Dom – oder beim Rosenkranz-Singsang alter Frauen in einer Dorfkirche. Man schaut einem Bettler ins Gesicht, übt sich in Meditation oder flippt in der Disko aus: Alles kann hinweisen auf die Wahrheit hinter aller Wirklichkeit – auf Gott.

Noch eine Vorbemerkung: Wie man von Gott überhaupt sprechen kann

Hier lauert ein weiteres Mißverständnis: so von Gott zu reden, wie wir es bei der Beschreibung von Vorgängen in unserer Alltagswelt tun. Oft hören wir: »Gott sagt…, Gott will…« – und stellen uns dabei ein Sprechen und Wollen nach menschlicher Art vor und erkennen nicht, daß beides nicht mehr als ein Bild für etwas ist, das man nicht beschreiben kann. Reden über Gott kann nur gleichnishaft sein. Schon das Wort »Gott« ist ja kein »Begriff« (den man dann auch »begreifen« könnte): Gott ist immer größer als alles, was vorstellbar ist!

Nach Exodus 20,4 lautet zwar das erste Gebot: »Du sollst dir kein Gottesbild machen!« Damit ist jedoch nicht das Denken oder Reden in Bildern untersagt, sondern nur jede Art von Versuch, Gott mit einem Bild zu begrenzen, ihn zu »definieren«. Auch Jesus redete ja in Bildern und Gleichnissen von ihm.

Kein Dogma, kein Satz des Glaubensbekenntnisses kann also eine »Definition« sein. Dies wußte die Kirche übrigens schon immer.

Ausgerechnet auf dem 4. Laterankonzil, auf dem die Diskriminierung der Juden beschlossen wurde, stellte man fest: »Zwischen Schöpfer und Geschöpf kann man keine Ähnlichkeit feststellen, ohne daß man (zugleich) eine noch größere Unähnlichkeit feststellen müßte.«
Dies heißt mit unseren Worten: Bei allem, was wir von Gott sagen können, bleibt immer eine unüberbrückbare Kluft zu seiner Wirklichkeit! Beherzigen wir dies, so müssen wir (vom einfachen Gläubigen bis hinauf zum Papst!) eigentlich bescheiden und tolerant gegenüber denen werden, die unseren Glaubensweg nicht mitgehen können.

»Wer nicht liebt, hat Gott nicht erkannt«

Ausgangspunkt, Kern und Ziel des Glaubens der Christen ist dieser eine Satz: »Wer nicht liebt, hat Gott nicht erkannt; denn Gott ist die Liebe« (1. Johannesbrief 4,8). Ganz und gar auf ihn muß der Glaube ausgerichtet sein; jedes Wort und jeder Satz des Glaubens müssen sich daran messen lassen. Nichts, rein gar nichts, was der Liebe widerspricht, darf die Bezeichnung »christlich« beanspruchen. Lieblosigkeit christlich nennen, das wäre die reinste Gotteslästerung!
Gott ist die Liebe – was aber heißt das? Auch hier haben wir keine Definition, sondern nur ein Bild. Auch hier gilt: Zwischen dem, was wir als Liebe erfahren und erkennen, und der Liebe Gottes besteht trotz einer gewissen Ähnlichkeit ein ungeheuerer Unterschied. Unsere Liebe, selbst die gelungenste, ist nicht mehr als eine Vorahnung der Liebe Gottes. Genauso dürfen wir uns zwar sein Abbild nennen (Genesis 1,28), weil auch zu unserem Wesen die Liebe gehört, wir bleiben dabei aber unendlich kleiner als er!
Er ist die Liebe. Ohne diesen Satz verstehen wir nichts im Glauben, weder was Schöpfung bedeutet noch Erlösung. Worte wie Auferstehung, Dreifaltigkeit, Sakrament oder Gnade blieben hohles Geschwätz, ohne Wirklichkeit und Wirkung. Daher muß man an diesem Satz festhalten, oder besser: sich an ihm festhalten: Der,

auf den alles im Glauben bezogen ist, ist identisch mit dem, was alles Leben erst ermöglicht und erfüllt – mit der Liebe selbst.

Gott – eine Person?

Wenn das stimmt, daß Gott, der tiefste Grund und das höchste Ziel aller Wirklichkeit, die unerfaßbare Liebe ist, dann freilich kann er kein unpersönliches »Es« sein, kein abstraktes Prinzip etwa, aber auch nicht das bloße »All-Eine«, in dem man vielleicht aufgehen könnte wie der Tropfen im Ozean. Dies unterscheidet auch am Ende das Christentum von Hinduismus oder Buddhismus: Gott ist ein Liebender, ein »Du«, der sich dem Menschen zuwendet und an den sich dieser seinerseits wenden darf. Wie zwei, die sich lieben, nicht zu einem ununterscheidbaren Neutrum verschmelzen, sondern gerade, indem sie sich lieben, ganz frei werden und zu sich selbst kommen, so bleibt Gott in seiner Liebe er selbst, und auch wir bleiben seine Geschöpfe. Christen dürfen daher sagen: Wir sind Gottes Geschöpfe, weil er jemanden haben wollte für seine Liebe, ein Gegenüber, das auch zu ihm »Du« sagen kann. Lieben kann nur ein Wesen, das selbständig und frei ist. Ein solches nennen wir Person.

Wir dürfen jedoch, wenn wir Gott Person nennen, diesen Begriff wiederum nicht als Definition mißbrauchen. Gott hat keine menschenähnliche Gestalt, ist kein Patriarch oder Herrscher, der über den Wolken thront. Der bildhafte Ausdruck kann nur die Beziehung Gottes zur Schöpfung und zu den Menschen andeuten, die Beziehung der Liebe, die immerzu »Du« sagen will!

Wäre Gott nur ein unpersönliches Es, das »Brahman« oder die »Buddha-Natur« der großen Religionen Asiens, dann hätte ihm der Mensch, das Geschöpf, eines voraus: Vernunft und Bewußtsein (die in Hinduismus und Buddhismus daher auch nur als scheinbar wirklich gelten und die man dort, wie das Leben überhaupt, hinter sich lassen muß, um erlöst zu werden). Wenn wir nun – in Übereinstimmung mit der Naturwissenschaft – Vernunft und Bewußtsein als die bislang höchsten Stufen der Evolution betrachten, wie sollten dann zwar Geschöpfe daran Anteil haben, nicht aber der Schöpfer selbst?

Der Kosmos ist Schöpfung

Weil Gott die Liebe ist, schuf er, sozusagen als Partner, die Schöpfung. Wie bildhaft und vorläufig auch immer so ein Satz des Glaubens sein mag, seine Konsequenzen sind fundamental. Zum einen spricht er dem gesamten Kosmos und allem Leben einen geradezu »göttlichen« Wert zu. Denn Gott selbst – so der biblische Bericht – habe sie für sehr gut befunden (Gen 1,31). Ein Verächter der Welt und des Lebens kann also mit Sicherheit eines nicht sein: Christ!

Hinduismus und Buddhismus hingegen sehen, bei allem Respekt vor der Natur, das Leben nicht als letzten Wert an. Die erlebte Wirklichkeit ist da nur ein Hindernis zur eigentlichen, und das Leben ist nur Leiden, das es zu überwinden gilt. Der Buddhismus kennt daher keinen göttlichen Schöpfer, und Shiva, der Schöpfergott der Hindus, ist zugleich auch Zerstörer der Welt.

Ganz anders bei Juden, Christen und Moslems: Gott selbst gibt der Welt, seiner Schöpfung, Wert und Sinn.

Du läßt die Quellen hervorsprudeln in den Tälern, sie eilen zwischen den Bergen dahin.
Allen Tieren des Feldes spenden sie Trank, die Wildesel stillen ihren Durst daraus.
An den Ufern wohnen die Vögel des Himmels, aus den Zweigen erklingt ihr Gesang.
Du tränkst die Berge aus deinen Kammern, aus deinen Wolken wird die Erde satt.
Du läßt Gras wachsen für das Vieh, auch Pflanzen für den Menschen, die er anbaut,
damit er Brot gewinnt von der Erde und Wein, der das Herz des Menschen erfreut,
damit sein Gesicht von Öl erglänzt und Brot des Menschenherz stärkt.
Die Bäume des Herrn trinken sich satt, die Zedern des Libanon, die er gepflanzt hat.
In ihnen bauen die Vögel ihr Nest, auf den Zypressen nistet der Storch.
Die hohen Berge gehören dem Steinbock, dem Klippdachs bieten die Felsen Zuflucht.
Herr, wie zahlreich sind deine Werke! Mit Weisheit hast du sie alle gemacht, die Erde ist voll von deinen Geschöpfen.
Sendest du deinen Geist aus, so werden sie alle erschaffen, und du erneuerst das Antlitz der Erde.

Psalm 104, 10-18.24.30

Abbild Gottes?

Ein Zweites folgt aus dem Glauben, Gott habe aus Liebe Welt und Mensch geschaffen: deren Freiheit. Echte Liebe will ja die Freiheit des anderen, oder genauer: Sie ermöglicht sie erst! Liebe verträgt keinen Zwang – eine Alltagserfahrung, von der aus man verstehen kann, was im Glauben an den Schöpfer mit-geglaubt werden muß! »Gott schuf den Menschen als sein Abbild« (Genesis1,27). Dieser ungeheuere Satz verspricht keine äußerliche Ähnlichkeit der Gestalt mit Gott. Vielmehr besagt er: Abbild Gottes sind wir, weil wir (als einzige Wesen, die wir kennen) Freiheit haben und lieben können – wie beschränkt auch immer. Freiheit und Liebe gehören zu unserem Wesen; ohne sie sind wir nicht lebensfähig, ohne sie wären wir keine Menschen. Darin liegt alle Würde des Menschen begründet: Freiheit und Liebe hat er mit dem Schöpfer gemeinsam.

Im biblischen Schöpfungsbericht folgt der sogenannte »Schöpfungsauftrag«, der Mensch solle sich die Erde »untertan machen« (Genesis 1,28). Dieser Auftrag kann aber unmöglich im Widerspruch zum Vorherigen stehen. Also gibt er keine Erlaubnis, die Schöpfung zu versklaven, auszubeuten oder gar zu zerstören, sondern verlangt vielmehr von uns, unsererseits die Schöpfung zu lieben, für sie zu sorgen, sie in ihrer Würde zu erkennen und zu achten, ja, ihr auch Freiheit zu lassen. Genauso sollten wir es halten wie eine Mutter, die ihr hilfloses Kind auf den Arm nimmt: Indem sie es liebend umsorgt, nimmt sie ihm nicht Freiheit und Würde, sondern respektiert und fördert sie.

Der jüdisch-christliche Gott erlaubt keine willkürliche Vergewaltigung der »Umwelt«. Wie empörend, daß Menschen, die sich Christen nannten und nennen, bedenkenlos an ihrer Zerstörung mitwirkten (und es noch tun!).

Die Welt hat einen Sinn, und alles Leben ist Geschenk

Schließlich gilt: Wenn Gott aus überströmender Liebe die Welt schuf, dann gab er ihr auch einen Sinn. Der gewaltige Prozeß der Evolution vom Urknall bis zum Zerfall des Kosmos, jene Milliarden Jahre des Werdens und Vergehens in unermeßlichen Weiten des Weltraums sind nicht der gigantische Umweg vom Nichts wieder zurück ins Nichts, der, so aufwendig und phantastisch er auch sein mag, doch ohne umfassenden Sinn bliebe. Nein, mit dem Herzen des jüdisch-christlichen Glaubens gesehen, gibt es ein letztes Ziel und einen alles umfassenden Sinn: die über-mächtige Liebe Gottes. Auf sie ist alles ausgerichtet, was ist, wird und lebt. Sie ist die große Hoffnung, das Licht am Ende aller Dunkelheit, unverfügbar, unbegreifbar auch, aber zugleich von höchster Realität für den, der an sie als den eigentlichen Grund allen Daseins zu glauben vermag.

Deshalb auch haben die Schöpfung und alles Leben in ihr Sinn, weil sie Geschenk des guten Schöpfers sind. Wenn wir im Alltag immer wieder die bittere Erfahrung machen, wie Zerstörung und Tod über das Gute und Schöne Macht gewinnen, wie sie ihren grauen Schleier legen über die Vielfalt und Fülle des Lebens, dann können wir, sind wir nur feinfühlig genug, spüren, daß das innerste Wesen des Lebens Gnade ist: Es verdankt sich nicht sich selbst, sondern ist immer nur geschenkt, auf Widerruf geliehen. Wenn es aber in Wahrheit Geschenk aus Gottes Liebe ist, kann es dann noch sinnlos sein, können dann noch Zerstörung, Grauen und Tod darüber triumphieren? Oder gilt dann nicht doch, was der Prophet Jesaja (vor mehr als zweieinhalbtausend Jahren) schrieb:

»Er beseitigt den Tod für immer. Gott, der Herr, wischt die Tränen ab von jedem Gesicht« (Jesaja 25,8).

Das Kreuz – Realität des Grauens

Freilich, damit ist der Fels des Atheismus keineswegs geschleift. Das Böse, Zerstörerische und Sinnwidrige fordern immer wieder den Zweifel an der Übermacht der Liebe heraus. Weshalb darf das so sein, wenn die Schöpfung Geschenk der Liebe oder gar »Partner« Gottes sein soll?

Der christliche Glaube bietet darauf keine einfache oder logisch schlüssige Lösung an – wir gaben es schon zu. Und doch hält er ein Angebot bereit, auf das einzugehen sich lohnen kann. Es ist Jesus Christus selbst, Gottes Sohn und »eines Wesens mit dem Vater«, wie das Bekenntnis formuliert.

Er selbst nämlich, der doch unentwegt von Gottes überströmender Liebe sprach und sie durch sein eigenes Handeln den Zu-kurz-Gekommenen, Ausgestoßenen und Hilflosen gegenüber offenbar werden ließ, ist der grauenvollen Macht des Bösen nicht ausgewichen. Mit seiner Botschaft der Liebe scheiterte er, wie es scheint, an der ungeschminkten Brutalität des Kreuzes, unter dem Hohngelächter der Mächtigen und verstoßen selbst von Gott – stand doch in der Schrift ausdrücklich: »Ein Gehenkter ist ein von Gott Verfluchter« (Deuteronomium 21,23)!

Wenn es aber so wäre, daß in jenem Jesus von Nazaret Gott selbst Mensch wurde, wie es im Evangelium heißt: »Und das Wort ist Fleisch geworden und hat unter uns gewohnt« (Johannes 1,14)? Dann wäre Gott selber als der Geringste aller Brüder dort am Kreuz gehangen, hätte er selbst die Macht des Bösen bis zum Äußersten durchlitten. Ja, dann hätte er seine Schöpfung nicht allein gelassen in ihrem Leid, sondern bewiesen, wie weit seine Liebe geht!

Das unterscheidet den Gott der Christen vom Gottesbild aller anderen Religionen: Er ist nicht so sehr der große Triumphator, der Herrscher aller Herren, sondern vor allem der, der auf Golgota am Kreuz hing, grausam zu Tode gefoltert wie Millionen vor ihm und nach ihm bis auf den heutigen Tag. Mit ihnen allen machte er sich gleich, ohnmächtig der Macht des Bösen ausgesetzt.

Auferstehung

Doch wo bliebe die Macht der Liebe, wo wären Trost und Hoffnung, wenn das Kreuz Gottes letztes Wort geblieben wäre?
Das Kreuz allein hätte keine Urgemeinde zum Glauben erweckt: Die Evangelien berichten noch vom anfänglichen Entsetzen und hoffnungslosen Resignieren der Jünger auf das Ereignis von Golgota hin. Nein, hinter dem Kreuz wurde ihnen mit einem Mal die ganze Herrlichkeit der Erlösung offenbar: in der Erfahrung der Auferstehung. Was immer die Frauen am Grab, die ersten Jünger in Jerusalem oder Paulus vor Damaskus erlebt haben mögen – niemand von ihnen vermochte es zu beschreiben –, eines schien ihnen allen gewiß: Dieser Jesus ist der Christus, der Erlöser, in dem sich Gottes übermächtige Liebe gezeigt hat. Er blieb nicht dem Tod überlassen, er ist nicht gescheitert, sondern wurde auferweckt zu neuem, endgültigem Leben. Sosehr die Macht des Bösen und des Todes das irdische Leben auch versklaven kann, sie ist nicht endgültig. Er, der in letzter Konsequenz seiner Liebe das Kreuz auf sich nahm, bewies in den Augen der Jünger die Realität von Gottes liebender Allmacht.
Daraus aber folgt, daß jeder, der liebt und damit Jesus folgt, auf Gottes Übermacht vertrauen und selbst auf Auferstehung hoffen darf, auch wenn er (wie schon die Evangelisten) weder beschreiben noch begreifen kann, wie denn das Leben nach der Auferstehung beschaffen sein könnte. Nur so viel ist dem Glaubenden zugesagt: Es ist wahrhaft ein Leben in Fülle (Johannes 10,10) und vollkommener Liebe, es ist »Sein bei Gott«. Hierin schließt sich der Kreis von Schöpfung und Erlösung: in der alles begründenden, umfassenden und übermächtigen Liebe.
Damit ist das Theodizeeproblem nicht einfach wegretuschiert. Warum das Böse in der Schöpfung wirken darf – es bleibt Geheimnis. Aber Jesus gibt eine Ahnung davon, daß es nicht triumphieren wird, sondern nur vorläufig ist. Die Liebe ist stärker.

Von unseren Sünden erlöst?

Wie aber soll der Satz zu verstehen sein, Jesus Christus sei für unsere Sünden gestorben (1. Korintherbrief 15,3), er habe »uns von unseren Sünden erlöst durch sein Blut« (Offenbarung 1,5)? Die, die so formulierten, entnahmen das Bild (denn auch hier dürfen wir den bildhaften Charakter des Satzes nicht vergessen!) der alttestamentlichen Opferpraxis. Zur Sühne einer Schuld opferte man ein fehlerloses Tier, das stellvertretend für seinen Besitzer starb.

Es wäre gefährlich, die bildhafte Übertragung dieses Opfervorgangs auf Jesu Tod im Sinne eines Automatismus mißzuverstehen, als hätte Gott zur Sühne für die Schuld der Menschen den Tod seines Sohnes verlangt und diese wäre dadurch ein für allemal weggenommen, ganz egal, was ein Hitler, Stalin oder Ceaucescu auch anrichten mögen. Was also haben Kreuz und Schuld miteinander zu tun?

Nicht nur die Angst vor dem Tod oder die Erfahrung von Leid und Trauer machen die Unvollkommenheit des Menschen aus. Friedrich Schiller nannte (wie schon Cicero) die Schuld das größte Übel der Menschen. Sie zerstört nicht nur körperliches, sondern auch geistiges und seelisches Leid. In ihr vor allem wird die Macht der Zerstörung sichtbar. Wenn aber Kreuz und Auferstehung Jesu wahrhaftig die Überwindung jener Macht bedeuten sollten, dann folgt daraus auch dies: Christus hat uns (auch) von unseren Sünden erlöst.

Glauben

Ich glaube an die Wunder
dieser Welt und der unendlichen
unbekannten Welten

Ich glaube
an das Wunder der Träume
Träume im Schlaf
und im Wachen

Ich glaube an die Wunder
der Worte
die in der Welt wirken
und die Welten erschaffen

Ich glaube
an dich
Lebensbruder

Rose Ausländer

Dreifaltigkeit – absurde Konstruktion?

»Ich möchte ein Beispiel nennen, über das ich schon als junger Mann viel nachgedacht habe: die göttliche Dreifaltigkeit, wie sie die christliche Dogmatik behauptet. Ich halte diese Lehre für eine absurde Konstruktion eines kranken religiösen Geistes... Ich bin durchaus der Meinung, daß unsere Welt irgendwie von einem höheren Wesen erschaffen worden ist, daß es möglicherweise für uns alle auch ein ›ewiges Leben‹ gibt. Aber nun genau wissen zu wollen, daß es in Gott ›drei Personen‹ und ›eine Natur‹ gibt: das ist einem denkenden Menschen nicht zumutbar« (aus: Manfred Plate [Hrsg.], Ungläubige Jugend? Briefe und Bekenntnisse, Freiburg i.Br. 1987, S. 48 f.).

Der junge Mann, der dies schrieb, steht mit seinen Bedenken bestimmt nicht allein. Woher »wissen« die Christen eigentlich, daß Gott zwar ein einziger ist, aber in drei Personen, in Vater, Sohn und Heiligem Geist? Haben sich da nicht tatsächlich die Theologen in ihrem Verlangen, Gottes Wesen zu begreifen, zu unhaltbaren und absurden Behauptungen verstiegen?

Nein, die Christen »wissen« in der Tat nicht, daß Gott so ist. Und doch ist diese Formulierung des Dogmas keineswegs sinnlos. Denn auch sie ist ein Bild für den Glauben an den Gott der Liebe.

Wenn Gott wirklich Mensch wurde, bedeutet dies, daß er nicht der absolut Unerreichbare und unendlich Ferne bleiben wollte, sondern seinen Geschöpfen, ja, dem Geringsten unter den Menschen gleich wurde. Aber die Nähe Gottes kann doch nicht auf jenen engen Zeitraum des irdischen Lebens Jesu im kleinen Landstrich Palästina beschränkt sein. Für den Glaubenden ist sie endgültig. Denn Gott wirkt mitten in seiner Schöpfung, mitten unter uns. Er ist überall da, wo geliebt wird, wo die Liebe ein Stück vom Reich Gottes schafft oder wenigstens ahnen läßt (aber auch da, wo wir uns ganz verlassen vorkommen).

Schon im Alten Testament personifiziert man das Wirken Gottes in der Schöpfung durch die Gestalt der Weisheit – sie wurde sogar »heiliger Geist« genannt (Weisheit 1,5 f.). Im Neuen Testament wird an zahlreichen Stellen vom »Geist Gottes« gesprochen, der auf Jesus ruht (z.B. Lukas 4,18). Wenn zum Schluß des Matthäus-Evangeliums Vater, Sohn und Heiliger Geist nebeneinander genannt werden, wenn Jesus beim Abschied den Jüngern zusagt, er sei bei ihnen bis zum Ende der Welt (Matthäus 28,19 f.), so deutet dies ebenfalls auf die dritte Person der göttlichen Dreifaltigkeit hin, die identisch ist mit der Wirkkraft von Gottes Liebe mitten unter uns, mitten in uns selbst.

Noch von einer anderen Stelle aus kann man sich dem Geheimnis – und es bleibt tastender Versuch und Geheimnis! – der Dreifaltigkeit Gottes nähern. Der Satz, Gott sei in drei Personen ein Einziger, deutet in seiner Paradoxie an, daß sich Gott nicht an eine Zahl »fesseln« läßt: Seine Wirklichkeit übersteigt die menschlichen Begriffe von Singular und Plural! Er ist Einheit und Vielheit zugleich; er ist der »Zusammenfall der Gegensätze« (Nikolaus von Kues, 1401-1464).

Braucht man Sakramente?

Wenn man das Wirken Gottes in der Welt und im Leben empfinden kann, dann erfährt man eigentlich auch schon die Realität der Sakramente, ob man sich dessen bewußt wurde oder nicht. Man muß sich freilich von einem oberflächlichen, magischen Verständnis des Begriffs freimachen, um den eigentlichen Sinn zu verstehen.

Zu unserer Welt gehören Symbole. Ohne sie könnten wir nicht leben. Wir verständigen uns nicht nur mit Zeichen, vom Händedruck über die Verkehrsschilder bis hin zu den Buchstaben; wir sehen auch in den meisten Dingen um uns viel mehr, als ihnen von einer bloßen materialistischen Betrachtungsweise aus zukäme. Der Konzernchef hat im Büro die Zeichnung seiner dreijährigen Tochter hängen; die Großmutter verwahrt in einer Schatulle den letzten Feldpostbrief ihres gefallenen Gatten. Der verliebte Siebzehnjährige trägt immer eine Haarlocke seiner Freundin im Geldbeutel, während sie den rosa Plüschelefanten im Schulranzen parat hat: Alle diese Dinge sind nur ihrer symbolischen Bedeutung wegen wertvoll und ihren Besitzern »heilig«. Sie weisen auf eine tiefere Wirklichkeit hin, von der der Außenstehende nichts erfährt, geschweige denn einer, der die Dinge nur nach ihrem materiellen Wert einschätzte.

Können nicht alle Dinge, kann nicht alles in der Welt symbolische Bedeutung annehmen und auf etwas weitaus Tieferes hinweisen, als man mit dem Auge erkennen kann? Der berühmte brasilianische Theologe Leonardo Boff schreibt in einem kleinen, kostbaren Buch so darüber:

»In kurzlebigen Dingen vermag der Mensch Dauerndes zu entdekken, im Zeitlichen Ewiges und in der Welt Gott ... Wenn die Dinge anfangen zu sprechen und der Mensch beginnt, ihre Stimme zu vernehmen, dann entsteht das Gebäude der Sakramente. Auf seinem Giebel steht die Inschrift: ›Alles Wirkliche ist nur ein Zeichen.‹ Zeichen wofür? Für eine andere Wirklichkeit, die allen Dingen zugrunde liegt: Gott« (Leonardo Boff, Kleine Sakramentenlehre, Düsseldorf [7]1976, S. 10).

Wenn Gottes Wirklichkeit überall in der Welt ist, ja, wenn er die Existenz der Welt in jedem Augenblick neu garantiert, dann kann alles für den, der an ihn glaubt, sakramentalen Charakter annehmen. Besonders aber wird er diesen an den entscheidenden Stationen des Lebens verspüren. Solche Stationen sind vor allem Geburt, Erwachsenwerden und Hochzeit, schwere Krankheiten und der Tod. Aber auch alltägliche Handlungen und Ereignisse können mehr sein, als eine äußerliche Sichtweise erkennt. Essen und Trinken sind nicht nur Nahrungsaufnahme für Stoffwechselprozesse (wie ein Biologe sagen könnte), sondern schaffen auch Verbundenheit und Gemeinschaft. Und wieviel mehr empfindet man bei einem Festessen als bei einer noch so schmackhaften Mahlzeit, die man nur alleine zu sich nehmen kann! Gemeinsam essen ist auch Zeichen für Solidarität, Versöhnung und Frieden – für Liebe eben.

Jeder Tag ist geprägt von Gedanken und Gesprächen, von Interessen und Handlungen, die immer auch auf andere wirken. Nie funktioniert dies alles ohne Kränkungen und Verletzungen. Daher braucht man zum erfüllten Leben auch die heilende Kraft des

Verzeihens und der Versöhnung. Schuld und Vergebung durchziehen unser Dasein.
Die entscheidenden Stationen des Lebens wie die einfachen Vollzüge, in denen sich menschliche Gemeinschaft formt, sie werden für den Gläubigen von Sakramenten begleitet. Er ahnt immer etwas von der letzten Wirklichkeit hinter allem; er verspürt Gottes Wirkkraft.
Die Siebenzahl der Sakramente in der katholischen Kirche wurde freilich erst auf dem Konzil von Trient 1547 festgelegt; der Kirchenlehrer Augustinus (354-430) kannte noch über 300! Luther verstand unter Sakramenten nur Taufe, Buße und Abendmahl. Gemeinsam aber ist den verschiedenen Auffassungen immer dies, daß Gottes Geist, daß Jesus Christus selbst mitten im Leben anwesend ist.
Und er ist da in so gewöhnlichen Dingen, die aber Zeichen für die Kostbarkeit des Lebendigen sind: in Wasser, Brot und Wein, in heilender Salbe oder in der einfachen, zärtlichen Geste, im versöhnenden Wort.

Außerhalb der Kirche kein Heil?

Auf die Liebe Gottes vertrauen – wenn das das Wesen des christlichen Glaubens ist, dann ist klar: Christ kann man nicht allein, kann man nicht nur für sich sein. Denn Liebe verlangt nach der Beziehung zu den anderen, nach Gemeinschaft. Wenn aber, umgekehrt, überall, wo sich im Geist der Liebe Gemeinschaft bildet, Gott mit anwesend ist, dann darf man auch sagen: Hier, genau hier ist lebendige Kirche!
Aber ist dies nicht eine vorschnelle Vereinnahmung? Ist Kirche nicht etwas ganz anderes, eine Institution mit festen Regeln und Riten, Strukturen und Ämtern? Und hat nicht diese Kirche (wie zu Anfang beschrieben) allzu oft ganz anders als im Geist der Liebe gehandelt?
Am Ende des Mittelalters, auf dem Konzil von Florenz 1442, verkündete man sogar als Dogma, daß »niemand außerhalb der

katholischen Kirche ... des ewigen Lebens teilhaftig wird, vielmehr dem ewigen Feuer verfällt.« Nimmt man dies beim Wortlaut, so wäre nicht das tatsächliche Wirken der Liebe, sondern die Zugehörigkeit zur Institution das entscheidende Kriterium für Kirche und Heil.

Allerdings vertritt die katholische Kirche selbst heute keineswegs mehr den Satz von 1442 im wörtlichen Sinn. Das 2. Vatikanische Konzil (1962-1965) schloß sogar Atheisten, falls sie »ein rechtes Leben zu führen sich bemühen«, nicht vom Heil aus – in offensichtlichem Gegensatz zum mittelalterlichen Anspruch der Kirche.

Gehen wir daher auf die Ursprünge der Kirche zurück. Das Wort kommt aus dem Griechischen und bedeutet so viel wie »zum Herrn (= Jesus Christus) gehörend«. Kirche ist nichts anderes als Gemeinschaft in seinem Geist: »Wo zwei oder drei in meinem Namen versammelt sind, da bin ich mitten unter ihnen« (Matthäus 18,20). Nach Matthäus gibt Jesus auch die Antwort, wer in seinem Geist handelt und so ins Reich Gottes gelangt. Im Gleichnis vom Weltgericht (Matthäus 25,31-46) werden diejenigen genannt, die Hungernden zu essen und Dürstenden zu trinken geben, Obdachlose aufnehmen, Nackte bekleiden, Kranke und Gefangene besuchen. Denn: »Was ihr für einen meiner geringsten Brüder (= Mitmenschen) getan habt, das habt ihr mir getan« (Matthäus 25,40).

Nicht also um den richtigen Katechismus, nicht einmal um das Einhalten von Riten oder das richtige Beten geht es da – es geht ausschließlich um das Handeln im Geist der Liebe. Ist es daher nicht erlaubt zu sagen: Überall, wo Liebe geschieht, folgt man Jesus Christus und ereignet sich deshalb »Kirche«?

Freilich muß dann auch das Gegenteil gelten: Wo Liebe nicht geschieht, ist auch nicht Kirche (im ursprünglichen Sinn) da! Sicherlich gilt es zwischen Ideal und Wirklichkeit zu unterscheiden. Kirche besteht aus Menschen mit all ihrer Unvollkommenheit und Schuld. Kirche wurde und wird immer wieder, allzu oft, schuldig, eben weil sie von Menschen getragen wird. Wo sie sich immerhin um das Tun der Liebe bemüht, darf sie sich, auch wenn sie fehlgeht, des Beistands Gottes gewiß sein. Aber »Kirche« ist dann auch

mehr als die Gemeinschaft der Getauften: Sie umfaßt alle Menschen guten Willens!
Den Schluß des Matthäus-Evangeliums bildet der sogenannte Missionsauftrag Jesu, zu allen Völkern zu gehen, sie zu taufen und zu lehren, das zu halten, was Jesus gebot. Zugleich gibt er die Zusicherung, bei seinen Jüngern zu bleiben bis zum Ende der Welt (Matthäus 28,19 f.). Man konnte diesen Auftrag in streng »institutionellem« Sinn verstehen: möglichst viele zu Mitgliedern der (katholischen) Kirche zu machen. Und doch ist sein Sinn anders, großartiger und umfassender. Es ist der Auftrag, den Geist der Liebe durch das eigene Vorbild in alle Welt zu tragen, durch die Liebe alle Grenzen zu durchbrechen. Dann, ja dann ist Gott bei seiner Kirche.

Kirche als Institution

Ist dann die Institution Kirche das Gegenteil von ihrem Ideal? Nun braucht jedoch jede Gemeinschaft, sobald sie eine bestimmte Größe erreicht, gewisse Regeln und eine geordnete Aufgabenverteilung. Wer einem Verein beitritt, akzeptiert dies als selbstverständlich. Die weltweite Gemeinschaft der Kirche wäre ganz ohne Regeln und Aufgabenverteilung erst recht nicht lebensfähig. Ganz ohne Rechtsordnung, ganz ohne Ämter geht es in der Kirche einfach nicht!
Aber auf der anderen Seite: Kirchenrecht und Ämter muß man ständig nach einem Kriterium überprüfen: ob sie im Geist der Liebe »funktionieren« oder nicht. Daher darf es in der Kirche eigentlich gar keine »Hierarchie« (= »heilige Herrschaft«) geben, sondern nur eine nach persönlicher Fähigkeit und Berufung geordnete Verteilung von Diensten, getreu dem Jesuswort: »Wer bei euch groß sein will, der soll euer Diener sein« (Markus 10,43). An diesem Satz wird auch die Kirche der Zukunft zu messen sein.
Nirgendwo scheint sich der Widerspruch von Ideal und Wirklichkeit in der Kirche deutlicher zu zeigen als in ihrem Amtsverständnis. Das meiste, was man heute an der (vor allem katholischen)

Kirche kritisiert, dreht sich darum. Wer auf sie schimpft, meint meistens Machtstrukturen und Amtsträger. Und doch sind Macht und Amt in der Kirche an sich noch kein Widerspruch zum Auftrag Jesu. Wäre jedes Amt nichts anderes als Liebesdienst, so wäre die Macht der Kirche identisch mit der heilenden und versöhnenden Macht der Liebe …

Doch eines dürfen wir bei allem Ärger über Unzulänglichkeiten und Schuld der Kirche nicht vergessen: Ohne ihre fast 2000jährige Institution wüßten wir nichts mehr von ihrem Gründer, hätten wir das Angebot des christlichen Glaubens überhaupt nicht. So gebührt ihr trotz allem immer auch ein wenig Dank.

Noch einmal: Gibt es Gott?

Kehren wir am Ende noch einmal zur Ausgangsfrage zurück: Können, dürfen wir an einen Gott glauben, der die Liebe selbst ist? Mit dieser Frage steht und fällt alles, von ihr hängen alle Glaubenssätze über Schöpfung, Erlösung, Dreifaltigkeit, Auferstehung, Kirche und Sakramente ab. Dürfen wir also glauben, ohne dabei das Theodizeeproblem zu verdrängen, die Anklage des Bösen und des Leidens?

Eine für mich überzeugende Antwort gab die 1988 nach langem Leiden verstorbene jüdische Dichterin Rose Ausländer, deren Leben von Schmerz und vom Hunger nach Leben und Liebe durchtränkt war:

Gäbe es dich
Gott der Liebe
wir lebten noch heute
im Garten Eden
Volk an Volk
du an du

Gäbe es dich nicht
o Liebesgott
wir wären nicht

nichts wäre.

Rose Ausländer

6

Wie konsequent leben Christen eigentlich?

Daß das Treffen am Sonntagnachmittag gleich mit Kaffee und Kuchen begann, hatte einen einleuchtenden Grund. Frau Schmidthaus hatte nämlich am Abend zuvor, ehe sich die Gruppe auflöste, Fragebögen ausgeteilt und gebeten, sie am Sonntag – nach Möglichkeit ausgefüllt – mitzubringen. Während man es sich also gemütlich machen konnte, wertete Frau Schmidthaus rasch die Antworten aus, um auf sie in ihrem Vortrag besser eingehen zu können.

Der Fragebogen war überschrieben: »Christlich glauben heißt, daß GOTT die LIEBE ist.« Darunter stand in Großbuchstaben: »KONSEQUENZEN FÜR UNSER LEBEN HEUTE.« Der Rest bestand aus drei Spalten mit den Überschriften: »Religiöse Lebenseinstellung« – »Persönliches Verhalten« – »Christliche Politik?« (mit Fragezeichen!). Alle hatten ihren Bogen ausgefüllt, nur Gunther nicht, der die Aktion viel zu »schulmäßig« fand und vernehmlich protestierte. Leider fehlten auch drei vom Liturgiekreis – ob ihnen vielleicht Frau Schmidthaus zu wenig religiös erschien?

Nach einer halben Stunde ging es dann richtig los. Frau Schmidthaus ging zunächst noch auf das ein, was am Vortag zu kurz gekommen war. Basis eines christlichen Engagements sei immer eine besondere Spiritualität, eine Grundeinstellung zum Leben, die hinter allem Guten das Wirken Gottes sehen könne. Kirche, das sei nichts anderes als die Gemeinschaft und innere Verbundenheit derer, die eine solche Spiritualität hätten und danach leben wollten. Hierauf sprach sie vom Gebet. Ein Satz gefiel Petra ganz besonders: »In Gott darf man nicht nur den tiefsten Grund der Wirklichkeit sehen, wie das z.B. ein Buddhist tut, sondern vor allem auch einen Partner, einen, zu dem man jederzeit ›Du‹ sagen kann. Auch dann, wenn man meint, keine Antwort zu bekommen, darf man sicher sein, er hört uns.«

Daß Frau Schmidthaus »so fromm daherreden« konnte, überraschte doch einige, vor allem die Mädchen vom Liturgiekreis. Dabei wurde sie sogar noch »frömmer«, als sie die Notwendigkeit von Besinnung und Meditation hervorhob und meinte, heute komme einem die Liturgie auch deshalb oft so langweilig und nichtssagend vor, weil zuwenig Platz für Stille und innere Sammlung bleibe. »Immer muß geredet oder gesungen werden, ganz egal, ob man überhaupt versteht, was da so alles gesagt wird!«

Dann kam sie darauf zu sprechen, daß ein Christ unmöglich sein Verhältnis zu Gott für sich allein regeln könne. Denn Liebe brauche Gemeinschaft. Allerdings liege es mit dem Gemeinschaftsgefühl in der Kirche oft im argen. Dabei müßte sie eigentlich – auch das Gebäude, in dem Gottesdienste gefeiert werden – jedem einzelnen eine Art Geborgenheitsgefühl geben.

Siggi und Gunther waren von derlei Ausführungen nicht besonders angetan, wenn nicht sogar enttäuscht, aber die übrigen schienen direkt hingerissen zu sein. So schluckten die beiden ihren Protest hinunter. Und mit dem nächsten Punkt, über den Frau Schmidthaus sprach, waren sie ja durchaus wieder einverstanden. Sie meinte nämlich, es sei schon seltsam, daß die Christen nicht gerade mit großer Gelassenheit lebten, obwohl sie doch vorgäben, an den Gott der Liebe zu glauben. »Gelassenheit heißt allerdings nicht Gleichgültigkeit«, fügte sie hinzu, »sondern vertrauen, daß es auch da, wo man eigentlich verzweifeln könnte, noch Hoffnung gibt. So ein Vertrauen brauchen wir heute mehr denn je«.

Als nächstes trug sie die Stichpunkte vor, die auf den Fragebögen in der Spalte »Persönliches Verhalten« eingetragen waren. Am häufigsten waren die Worte »Toleranz«, »Zärtlichkeit« und »Hilfsbereitschaft« genannt worden. Während es zum letzten Stichpunkt keine Meinungsverschiedenheit gab, kam es bei der »Toleranz« zu einem längeren Wortwechsel. Siggi platzte nämlich los, die gesamte Kirchengeschichte sei doch ein einziger Verrat am christlichen Glauben, denn es gebe kaum eine Institution, die so lange so intolerant gewesen sei wie die Kirche (er meinte vor allem die katholische). Petra und einige aus dem Liturgiekreis protestierten sofort und heftig, bis Pfarrer Johannes die Gemüter besänftigte. Er gab Siggi zum größten Teil recht: »Ich habe noch selbst im Religionsunterricht lernen müssen, ein Katholik dürfe Andersgläubigen gegenüber nicht tolerant sein, denn schließlich hätten wir als einzige die volle Wahrheit, und gegenüber Irrtum oder Lüge dürfe man nicht nachgeben!« Er fügte hinzu, Toleranz verlange auch, sich mit dem anderen auseinanderzusetzen, ihm gegenüber also nicht gleichgültig zu sein. Im übrigen habe es in der Kirchengeschichte nicht nur Intoleranz gegeben. Viele Heilige, z.B. Franz von Assisi, Filippo Neri oder Don Bosco, könne man als Gegenbeispiele nennen.

Siggi wollte weiterdiskutieren, aber Frau Schmidthaus wies auf die knappe Zeit hin; es gebe noch einiges Interessante, etwa das Thema Zärtlichkeit und Erotik, zu besprechen. Philipp und Sandra, die einen gemeinsamen Fragebogen ausgefüllt und demonstrativ unterschrieben hatten, hatten dazu noch ein weiteres vollgeschriebenes Blatt abgeliefert, das Frau Schmidthaus mit ihrem Einverständnis nun vorlas. Die Kirche, so der rote Faden darin, bewirke mit ihrer engstirnigen Sexualmoral genau das Gegenteil von dem, was richtig sei: »Weil sie jede sexuelle Befriedigung außerhalb der Ehe verbietet, verhindert sie auch jede Zärtlichkeit. Die Liebe zwischen zwei Menschen ist jedoch das Wichtigste im Leben. Aber auch das Schwierigste. Also muß man sie auch lernen und erproben. Und das kann lange dauern!«

Dann hatten sie noch hinzugefügt: »Und durch den Quatsch mit der Empfängnisverhütung« (sie meinten natürlich das päpstliche Verbot künstlicher Verhütungsmittel) »vergrault die Kirche nur jeden vernünftig denkenden und normal empfindenden Menschen. Darum hört man gar nicht mehr hin, auch wenn die Kirche mal was Richtiges sagt.«

Man hätte kaum treffender über dieses Thema schreiben können. Spontan bekundeten Siggi und Gunther Beifall, dem sich die meisten anderen anschlossen. Philipp wurde ganz verlegen.

Doch dann wurde es ganz still, als Frau Schmidthaus ohne Scheu erzählte, wie auch sie lange vor ihrer Ehe so etwas wie Erotik habe lernen müssen, wie ihr so nach und nach dadurch eine ganz neue Sicht vom Leben gekommen sei und sie sich freier und offener, ja, auch religiöser gefühlt habe nach ihren ersten erotischen Erfahrungen. Mit solch klaren Worten riskierte sie einiges (wenn auch nicht unbedingt in diesem Kreis). Doch gewann sie noch viel mehr an Glaubwürdigkeit. »Es kann, da bin ich felsenfest überzeugt, viel unchristlicher sein, Zärtlichkeit einander zu verweigern als zu geben«, schloß sie ihr Bekenntnis ab.

Lebendiger wurde es wieder, als die Spalte »Christliche Politik?« dran war. Nun konnten Siggi und Gunther wieder über die Kirchengeschichte herziehen »mit ihren Kreuzzügen und Waffensegnungen«. Aber irgendwie waren sich alle einig: Es müsse eine politische Seite des Christentums geben, also auch eine Art christlicher Politik, die sich weltweit für Frieden, Freiheit und Gerechtigkeit einsetze. »Und für Umweltschutz!« rief Martina (die sich längst wieder gefaßt hatte) dazwischen. »Bewahrung der Schöpfung, wenn schon!« hielt Simone dagegen.

Petra fragte nach, wie sich das Eintreten für Frieden mit dem Widerstand gegen Diktaturen vertrage. Das sei ja in letzter Zeit wieder recht aktuell geworden. Es entwickelte sich eine längere Diskussion über die Frage, wann ein Christ Gewalt anwenden dürfe oder gar müsse.

Siggi war ganz in seinem Element. Einig war man sich, daß gewaltloser Widerstand gegen Unrecht das beste Mittel sei – falls es funktioniere. In der DDR habe es damit geklappt, in Rumänien aber nicht. »Und was ist z.B. mit Südafrika?«, fragte ein Mädchen aus dem Liturgiekreis. Darüber war man verschiedener Meinung. Man wisse darüber wahrscheinlich zuwenig, um ganz sicher gehen zu können.

So hätte man noch lange weiterdiskutiert, doch Frau Schmidthaus mußte um halbsechs dringend weg. Auch Pfarrer Johannes hatte noch die Abendmesse zu halten. Ein wenig abrupt löste sich daher die Runde auf. »Vorhang zu, und alle Fragen offen!«, bemerkte Gunther ironisch.

Nach dem Aufräumen stand die Clique noch ein wenig vor dem

Pfarrheim beisammen. Die Sonne ging unter. Der nahende Frühling und die beginnenden Semesterferien beflügelten Siggi. »Was ist – ich lade euch heute abend alle auf einen Schoppen in unsere Stammkneipe ein!« Die Idee war gut, aber so viel Großzügigkeit wollten nicht alle in Anspruch nehmen. Christian und Walter wollten sich ebenfalls an den Kosten beteiligen. »Aber wir reden nicht schon wieder über Religion«, schlug Martina vor, »schön langsam reicht's. Es gibt doch wohl noch etwas anderes, worüber man sich unterhalten kann, oder?« (Offensichtlich bereute sie ihre Offenherzigkeit vom gestrigen Abend ein wenig.)
Man gab ihr recht. »Also um acht – ich rufe an und reserviere einen großen Tisch!« rief Siggi noch, als er ins Auto stieg.

Zebaoth

Gott, ich liebe dich in deinem Rosenkleide,
Wenn du aus den Gärten trittst, Zebaoth.
O, du Gottjüngling,
Du Dichter,
Ich trinke einsam von deinen Düften.

Meine erste Blüte Blut sehnte sich nach dir,
So komme doch,
Du süßer Gott,
Du Gespiele Gott,
Deines Tores Gold schmilzt an meiner Sehnsucht.

Else Lasker-Schüler

Zur Sache

Die Wahrheit ist konkret

Christsein, das geht nicht ohne vielfältige Konsequenzen. Wer an die Erlösung der Schöpfung glaubt, der muß nicht nur »erlöster aussehen« (wie schon Nietzsche und Gandhi meinten), er muß auch dazu beitragen, daß es hier auf Erden erlöster zugeht. Christentum ist – wie das Judentum, aus dem es hervorging – vor allem die Religion des rechten Handelns: »Was sagt ihr zu mir: Herr! Herr!, und tut nicht, was ich sage?« (Lukas 6,46)

Eine notwendige Unterscheidung

Es gibt eine sogenannte »neue Religiosität«, die ihr Ziel (in teilweiser Übernahme von Elementen aus Hinduismus und Buddhismus) in einem »neuen Bewußtsein« sieht, ohne daß daran soziale Konsequenzen geknüpft wären. Jeder soll und darf dort für sich allein das Heil suchen. Der konkrete Nächste, der Arme und Leidende nebenan, er soll lieber selbst weitersehen – hat er nicht sein »Karma« aus einer früheren Existenz abzutragen? Oder anders: Wird das »Neue Zeitalter« nicht aufgrund kosmischer Veränderungen die Weltprobleme von selbst lösen? Und wenn nur genügend viele die nötige Bewußtseinsstufe oder gar »Erleuchtung« erlangt haben, können sie dann nicht so viel Energie auf ihre Umwelt ausstrahlen, daß aller Haß und Streit, jede Habgier und Zerstörung aus den Herzen der Menschheit verschwinden?
Ganz anders, hart und fest auf dem Boden der Realität dagegen die Konsequenzen des christlichen Glaubens. Noch einmal: »Was ihr für einen meiner geringsten Brüder getan habt, das habt ihr mir

getan« (Matthäus 25,40). Die ersten drei Evangelien (Matthäus, Markus, Lukas), die man die »synoptischen« nennt und uns noch mehr als das spätere Johannes-Evangelium vom »historischen« Jesus erzählen, sind voll von Beispielen, wie Nächstenliebe konkret aussieht. Wenn Jesus die Außenseiter, die Zöllner und Dirnen, einlädt, Kranke und Gebrechliche heilt, wenn er vom Samariter, der den Ausgeraubten rettet, oder vom Hirten, der dem verirrten Schaf nachsteigt, erzählt: Immer geht es um die Liebe, die sich mit dem Hilflosen identifiziert, weil sie in ihm das Ebenbild Gottes, Jesus Christus selbst, erkennt.

Spiritualität – Fundament und Kraftquelle

Freilich, lieben und sich mit den anderen identifizieren, das kann auch, wer sich nicht für einen Christen hält. Viele Andersgläubige und Atheisten haben den Christen schon den Spiegel vorgehalten und gezeigt, was Nächstenliebe eigentlich sein müßte. Was unterscheidet also die christliche Ethik von allgemeinen humanitären Grundsätzen? Gibt es irgendein »Plus« auf christlicher Seite?

Das Fundament christlichen Handelns ist eine besondere Spiritualität. Dieses Wort ist in letzter Zeit sehr häufig zu lesen und zu hören, ohne daß man immer gleich wüßte, was damit gemeint sein soll. Der bekannte evangelische Theologe Heinz Zahrnt beschreibt sie treffend als »eine ganzheitlich gelebte, Kopf und Herz, Leib und Seele, Verstand und alle Sinne umspannende Frömmigkeit… Spiritualität steigert die religiöse Sensibilität und macht offen für Gottes Geist« (Heinz Zahrnt, Gotteswende. Christsein zwischen Atheismus und neuer Religiosität, München 1989, S. 140 f.).

Das hat gewaltige Konsequenzen. Denn für den Christen sieht die Welt doch ein wenig anders aus, z.B.:

- Der Kosmos, die Erde und alles Leben auf ihr sind in sich wertvoll, weil sie Geschenk eines wahrhaft guten Schöpfers sind;
- alles kann sakramentalen Charakter annehmen, d.h. auf Gottes Anwesenheit, auf seinen Geist also, in und hinter allem Guten hinweisen;

- in jedem, gerade auch im »geringsten« Mitmenschen begegnet uns Gottes Ebenbild, das unersetzbar ist und absolute Würde beanspruchen darf;
- nur die Liebe macht die Schöpfung heil und wird sie einmal vollenden, weil sie Gottes Wesen ist und damit stärker als alle Zerstörung, alles Böse und Sinnwidrige.

Wer daran glauben und darauf hoffen kann, der müßte eigentlich eine andere, sensiblere und gelassenere Einstellung zum Leben bekommen. Er braucht weniger auf die Wahrung des eigenen Vorteils zu achten und kann vielleicht selbstloser lieben (was nicht heißt, sich selbst aufzugeben). Er darf hoffen, auch im Angesicht der Verzweiflung und am offenen Grab eines geliebten Menschen. Mit den Worten der Bergpredigt ausgedrückt: Wer zuerst das Reich Gottes sucht, braucht weniger um sein eigenes Leben zu sorgen (vgl. Matthäus 6,19-34).

Christliche Spiritualität kann zur unerschöpflichen Kraftquelle werden, die sich dann vor allem bewährt, wenn man von der Übermacht des Zweifels erstickt zu werden droht. Am Ende wird man vielleicht doch zum Vertrauen zurückfinden, daß sich – trotz allem – Gott als der Garant des Guten erweisen wird.

Auch die Gegenrichtung ist möglich: von der Humanität zur Spiritualität

Auch umgekehrt geht es: Man kann vom Geist humanitärer Ethik durchdrungen sein und aus sich selbst heraus all das anstreben, was mit den praktischen Konsequenzen des Christentums zusammenfällt, und von da aus, vielleicht sogar ohne es zu merken, zur christlichen Spiritualität gelangen. Diese hängt ja, wie wir gesehen haben, mit einem tieferen Nachdenken über das Wesen der Welt und den Sinn des Lebens zusammen.

Besinnung – in der tiefsten Bedeutung des Wortes – ist die Voraussetzung echter Spiritualität. Einen »besinnungslosen« Christen kann es daher gar nicht geben. Dann aber gilt ebenso: Sich darauf besinnen, was denn der letzte Grund unseres Verlangens und Han-

delns ist, kann, wenn man sich wahre Humanität zum Ziel genommen hat, auch dazu führen, den Geist eines Höheren, den »Schöpfer Geist« zu erahnen – oder wenigstens zu erhoffen.
Vor allem die, die heute den Auszug aus christlichen Traditionen immer ratloser beklagen, sollten sich fragen, ob nicht in den ungezählten Menschen, die guten Willens und im Sinn der Humanität handeln, die also nicht weit von dem entfernt sind, was Jesus in der Bergpredigt und anderswo das Entscheidende nannte, ob nicht in ihnen auch der Geist Gottes am Werk ist, unerkannt möglicherweise, aber nicht unerkennbar. Es könnte dann sein, daß die Welt auf einmal gar nicht mehr so »entchristlicht« aussieht wie zuvor, als man unter Christsein nichts anderes als klar definierte und statistisch erfaßbare Kirchenbindung verstehen wollte.

Gebet und Feier, Stille und Geborgenheit

Liebende sind ansprechbar. Diese schlichte Tatsache gilt auch für das Verhältnis von Gott und Mensch. Christsein ohne Gebet gibt es nicht. An den Gott der Liebe glauben kann man nicht rein »objektiv«, im Sinne eines nüchternen Für-wahr-Haltens. Mit ihm muß man auch sprechen wollen und »Du« sagen können. Das geht aber nicht, wenn man dies als lediglich äußerliche Pflichterfüllung auffaßt – wiewohl es eine gute Form von Pflicht gibt, eine, die aus dem Innern kommt; diese ist eine ganz selbstverständliche Selbstverpflichtung, wie sie der Samariter im Gleichnis empfand. Nein, Gebet verträgt keinen Zwang. Beten heißt, sprechen können und dürfen und zugleich vertrauen, daß Gott zuhört und nicht gleichgültig bleibt. Wie schwer das dennoch sein kann, besonders in der Not, wenn auf einmal wieder der »Fels des Atheismus« vor einem aufragt, weiß jeder, der es versucht. Und daß es Zeiten der Leere gibt, in denen einen nichts zum Gebet drängt, auch dies muß wohl so sein.
Lassen wir uns nicht vom äußeren Schein täuschen: Es gibt viele, nicht wenige junge Menschen darunter, die in ihrem Herzen beten können und wollen, ohne es erkennen zu lassen. Beten ist auch

etwas ganz Persönliches, Intimes, wozu man sich gerne zurückzieht und niemand heranläßt. Manchmal tarnen sich Gebete in Form von Selbstgesprächen, Gedichten oder Bildern, und es kann sein, daß der, der da spricht, schreibt oder malt, gar nicht weiß, daß er in Wirklichkeit betet. Gott ist uns näher, als wir uns selbst sind, auch wenn es uns nicht bewußt wird.
Daß Not beten lehrt, auch darüber braucht man nicht die Nase zu rümpfen. Nie suchen wir dringender nach Gott, als wenn wir uns von der Liebe verlassen fühlen. Auch die gegenteilige Erfahrung mag zum Gebet drängen, wenn uns vor lauter Glück das Herz übergeht und voll Dankbarkeit ist, wir aber niemanden haben, dem wir sonst danken könnten.
Und es gibt Zeiten, gemeinsam zu beten und zu feiern. Ist das Bedürfnis dazu da, dann gelingen lebendige, bereichernde Gottesdienste. Die aber, in denen nichts von gemeinsamer Freude zu spüren ist, mißlingen meist zu traurigen Pflichtübungen der Langeweile. Darin liegt ein Großteil der momentanen Misere des Kirchenbesuches begründet. Dabei könnte man von der Jugend und ihren Gottesdiensten lernen, bei denen meist mehr an Buntheit und Ideenreichtum, an Nachdenklichkeit und Freude zu erleben ist als bei üblichen Sonntagsfeiern.
Freilich heißt dies nicht, es müsse in jedem Gottesdienst aufwühlend und anstrengend zugehen. Vielfalt, nicht Einerlei macht lebendig. Es muß auch Momente der Stille und Feierlichkeit geben, Momente, in denen Mystik und Mysterium in unser Inneres dringen. Bei orthodoxen Gottesdiensten kann man manchmal einen wohltuenden Kontrast zu den unseren erleben, die einseitig auf das Wort und den Verstand ausgerichtet erscheinen. Wer andererseits empfänglich ist für die Großartigkeit jahrhundertealter Kirchenmusik, mag in einem Bach-Choral oder einer Haydn-Messe intensiver zu sich selbst (und somit auch zu den anderen) finden als in einer noch so wichtigen und ausführlichen Diskussion über ein soziales Aktionsprogramm.

Mondnacht

Es war, als hätt der Himmel
Die Erde still geküßt,
Daß sie im Blütenschimmer
Von ihm nun träumen müßt.

Die Luft ging durch die Felder,
Die Ähren wogten sacht,
Es rauschten leis die Wälder,
So sternklar war die Nacht.

Und meine Seele spannte
Weit ihre Flügel aus,
Flog durch die stillen Lande,
Als flöge sie nach Haus.

Joseph von Eichendorff

Die Stille in einer alten Dorfkirche am Nachmittag, der verhallende Orgelton in der gotischen Kathedrale: Manchen mag es kitschig erscheinen; aber es kann auch erheben und Kraft geben, die innere Uhr nachstellen helfen oder (mit den Worten des Romantikers Joseph von Eichendorff) die »Seele weit ihre Flügel ausspannen lassen«.
Dies müßte den Kirchen wieder gelingen: so etwas wie Geborgenheit zu schenken und das Wohlgefühl, in der »inneren Heimat« zu sein, ganz egal, wo auf der Welt man sich befindet. Liebe schenkt ja Geborgenheit, und wo, wenn nicht in der Kirche, sollte der Platz sein, an dem sich Gottes Liebe empfinden ließe?

Gut paßt auch dies zur christlichen Spiritualität: Heiterkeit, die auf einer gelasseneren Lebenseinstellung gründet. Christen, die nicht lachen können, verraten so gar nichts von ihrem Glauben an Erlösung. Humor hingegen ist nicht die schlechteste Werbung für ihn. Ohne sich am Leben zu freuen, kann man auch anderen nichts Rechtes geben. Oft vermag schon ein Lächeln den Grauschleier von Sorge und Bedrückung zu durchdringen, kann ein einziges fröhliches Wort mehr helfen als großer materieller Aufwand.

Und warum eigentlich sollte ein Christ nicht auch einmal so richtig »ausflippen« dürfen, ganz ausgelassen feiern, auch wenn der Kater am nächsten Morgen folgen wird? Leben, das ist eben nicht nur Leiden (das auch!) – diese Erfahrung unterscheidet uns von den Religionen Indiens und Ostasiens, in denen nichts sehnlicher erhofft wird als die Überwindung jedes individuellen Lebens.

Auch die Geschichte des Christentums kennt das Verbot der Lebensfreude – und dementsprechend ging es auch oft so traurig darin zu. Immerhin beließ die katholische Kirche einige Freiräume; nicht nur der Karneval, auch barocke Prozessionen und Gotteshäuser belegen dies. Vielleicht ist die Nüchternheit des protestantischen Grundsatzes, allein das Wort Gottes, die Heilige Schrift, stehen zu lassen, ein Hauptgrund dafür, daß der Auszug der jungen Menschen in unserer Zeit die evangelische Kirche am härtesten traf. Wie auch immer – Heiterkeit und Humor wären sicherlich gute Medikamente gegen die Glaubenskrise!

Aber hat nicht Jesus selbst das Lachen verboten? »Weh euch, die ihr jetzt lacht; denn ihr werdet klagen und weinen« (Lukas 6,25). An diesem Satz läßt sich aufweisen, wie gefährlich es wäre, ein einzelnes Wort aus der Bibel herauszunehmen und als absolut gültig hinzustellen. In Wirklichkeit hat dieses – von Jesus wohl tatsächlich sinngemäß so gesagte – Wort einen Kontext. Ein paar Verse zuvor heißt es nämlich: »Selig, die ihr jetzt weint, denn ihr werdet lachen« (Lukas 6,21). Es geht also darum, ob man *über* einen anderen bzw. auf dessen Kosten lacht. Das gibt es ja auch,

und wie verletzend es sein kann, davon weiß jeder aus eigener Erfahrung.
Wichtig ist noch ein Zweites: Jesus stellt das Lachen als Verheißung hin, als etwas, was mit dem Reich Gottes zu tun hat! Darin ist kein Platz mehr für Trauer und Klage, aber viel für Lachen und Jubel.
Daß Jesus selbst auch ein lebensfroher Mensch gewesen ist, läßt sich beweisen: Wie sonst wäre er so oft zu Freudenfesten eingeladen worden, zu Hochzeiten – doch nicht, um dort Wasser zu predigen, sondern um es sogar in besten Wein zu verwandeln (bildlich gesprochen, vgl. Johannes 2,1-12)? Und warum sonst hätte man ihn als »Fresser und Säufer« (Matthäus 11,19) beschimpft?

Lieben lernen

»Christentum ist die Religion der Liebe« – so ein Satz geht leicht über die Lippen. Fast 2000 Jahre lang wurde er gepredigt. Doch wie furchtbar sind die Spuren, die manche Prediger hinterließen! Selbst auf die Scheiterhaufen schickte man einst die Ketzer im Namen der Liebe, glaubte man doch, damit ihre Seele vor dem Teufel zu retten. Wenige Worte dürfte es geben, mit denen man so viel Schindluder trieb wie mit der »Liebe«!
Und dennoch stimmt der Satz über das Christentum. Allerdings: Liebe existiert nicht als bloßes Wort. Sie ist entweder konkret erfahrbar oder überhaupt nicht da. Das Wort allein kann zur blanken Lüge werden. Liebe erkennt man an ihren Früchten. Die aber sind reichlich und von unerschöpflicher Vielfalt.
Die Liebe ist das Wichtigste auf Erden – und das Wichtigste am Glauben. Aber wie bei allem Wichtigen: Es fällt uns nicht automatisch in den Schoß. Auch Lieben will gelernt sein.
Eines muß immer dabei sein: Sensibilität. Liebe ohne Einfühlungsvermögen, das ist so unmöglich wie das Meer ohne Wasser. Es scheint aber, als habe man fast 2000 Jahre lang dies gar nicht so recht gewußt. Noch heute hört man wenig in den Kirchen darüber,

wenn auch mit Sicherheit in jedem Gottesdienst mehrmals von »Liebe« die Rede ist.
Im christlichen Glauben liegt auch die Forderung, immer intensiver und umfassender sensibel zu werden, für den Mitmenschen wie für die gesamte Schöpfung (also auch für Tier und Pflanze). Liebe verlangt, den anderen mit seinen Bedürfnissen und Sehnsüchten zu verstehen, ihn in seiner eigenen Würde zu achten. Je tiefer wir uns in den anderen einfühlen können, um so sicherer ist die Liebe da.

Zärtlichkeit – eine christliche Tugend!

Sensibilität und Zärtlichkeit sind Schwestern. Beide sind christliche Tugenden, die arg in Vergessenheit gerieten. Dabei müßte jeder, der jemals Liebe erfuhr (und wie könnte man ohne diese Erfahrung überhaupt leben?), von der Macht der Zärtlichkeit wissen. Eltern, die ihr Baby liebkosend auf den Arm nehmen, Verliebte, die einander durchs Haar streichen, das kleine Mädchen, das seinen Kanarienvogel füttert – sie alle tun dies voll zärtlicher Empfindungen. Selbst der Hobbygärtner, der seine Sträucher und Blumen hegt, selbst der Maler, der zum hundertsten Mal die Leinwand betrachtet, um einen winzigen Pinselstrich anzubringen, sie brauchen Zärtlichkeit für das, was sie tun. Ohne sie läßt sich nichts wirklich Gutes zustandebringen.
Und erst recht gilt: Zärtlichkeit ist auch der Schlüssel zur christlichen Nächstenliebe (griechisch: »Agape«). Denn auch die Schwester im Pflegeheim, die den alten Mann wie ein Kleinkind wickeln muß, kann dies nur dann aus Nächstenliebe tun, wenn sie mit seiner Hilflosigkeit mitfühlt und mitleidet. Auch Mitleiden ist eine Form der Zärtlichkeit. Sähe sie dagegen ihr Handeln nur als äußerliche Pflichterfüllung an, als etwas, was sie gegen ihren Willen tun muß, so bliebe es kalt, lieblos und verletzend.
Wer Nächstenliebe predigt, aber von Zärtlichkeit nichts weiß oder wissen will, wer sie, wie lange Zeit geschehen, gar in die Nähe der Sünde rückt, der hat nichts von der Liebe verstanden – und genauso wenig vom Wesen christlichen Glaubens. Eigentlich müß-

te es ganz anders aussehen auf der Welt: Man müßte die Christen am höheren Grad der Zärtlichkeit erkennen können, vor allem die, denen Ämter und Würden im Namen Christi verliehen sind...

Gottes Geist im Eros?

Nirgendwo driften heute in der öffentlichen Meinung Kirche und Leben weiter auseinander als beim Thema Sexualität. Ein Hauptgrund dafür ist, daß es den Moraltheologen bisher nicht so recht gelang darzutun, was das entscheidend Christliche in einer Sexualethik sein müßte. Es besteht nämlich nicht in einer vermeintlichen Schöpfungsordnung, die den Gebrauch künstlicher Empfängnisverhütungsmittel verbietet, nicht in einer Rechtskonstruktion, die das vor dem Priester abgelegte Eheversprechen als Eintrittskarte für jegliche Intimität betrachtet, und schon gar nicht im Aufstellen von Verbotsschildern, die dazu »einladen« sollen, am besten überhaupt die Finger davon zu lassen.
Nein, das Entscheidende bei Erotik und Sexualität ist das Maß an Zärtlichkeit und die Intensität der Liebe selbst! Wenn z.B.ein Papst (mit Recht!) vor dem Mißbrauch der Sexualität mit dem Satz warnt, man könne nicht »auf Probe lieben«, so stimmt das doch nur, wenn man hinzufügt: Aber man muß es lernen! Zärtlichkeit muß man von Kind auf einüben. Die Jugend ist die Zeit, sie auch im Umgang mit dem anderen Geschlecht zu lernen. Sicherlich soll das behutsam vor sich gehen, Schritt für Schritt und nicht alles auf einmal. Es geht auch nicht ohne Enttäuschungen und Rückschläge. Aber wenn junge Menschen ihre Sexualität so leben, daß sie zuerst die Freude und das Glück des Partners wollen, dann gelingt am ehesten so etwas wie humane Erotik – und der moralische Zeigefinger wird völlig überflüssig.
Um durch ein Gegenbeispiel zu verdeutlichen, was gemeint ist: Pornographie verleitet zu einer ganz und gar oberflächlichen und egoistischen Befriedigung des Sexualtriebs: Am anderen Menschen ist nur der Körper wichtig; eigener Charakter, eigenes Seelenleben stören nur. Der andere ist nicht mehr als Objekt zur

Ausbeutung. So gibt es auch keine »sexuelle Befreiung«, solange sie Triebbefriedigung von der Liebe selbst abkoppelt. Bei echter Erotik aber liebt man nicht nur den Körper des anderen, sondern vor allem seine Seele. Aus diesem einen Grund verlangt die wirklich erotische Liebe auch Bindung, Treue und Dauer.
Wie gesagt, sie gelingt in den seltensten Fällen auf Anhieb. Alles Wertvolle im Leben verlangt die Bereitschaft zum Risiko. Enttäuschungen sind ganz natürlich beim Erlernen von Partnerschaft. Fordert man nicht andererseits das Scheitern einer Beziehung heraus, wenn man Intimität und Erotik nur für die Zeit nach dem Eheversprechen reservieren will?
Im Alten Testament dient die sinnliche Schilderung des Eros zugleich als Bild für die Beziehung Gottes zu den Menschen. Wer es nicht glaubt, der lese das Hohelied, in dem ein – unverheiratetes (!) Liebespaar abwechselnd die Faszination der geschlechtlichen Liebe besingt. Das kommt nicht von ungefähr: Gerade dann, wenn uns das Glück des Eros ganz, ganz nahe ist, kann darin auch etwas vom Geist Gottes erahnt werden, der ja wirkt, wo die Liebe ist. Vielleicht wird uns niemals sonst deutlicher bewußt, welches Geschenk sie ist und welche Gnade das Leben.
Ja, es gibt eine christliche Sexualmoral – wenn sie den Menschen öffnet für die Liebe.

Toleranz – ein Mauerblümchen des Glaubens?

Vielfältig sind die Konsequenzen christlicher Spiritualität. Eine weitere vergessene oder gar bekämpfte Tugend gehört dazu: Toleranz. Sie ist eine logische Folge der Nächstenliebe, und doch wurde sie fast zwei Jahrtausende lang nicht als solche erkannt. Wie anders hätte die Kirchengeschichte ausgesehen, hätte man nicht bis zum zweiten Vatikanischen Konzil gewartet, um Toleranz den Anders- und Nichtgläubigen gegenüber gutzuheißen!
Toleranz ist etwas ganz anderes als Gleichgültigkeit. Daher muß man, um tolerant zu sein, auch streiten und Konflikte austragen können – selbstverständlich mit Argumenten (solange es geht).

Auch Toleranz verlangt nämlich Einfühlungsvermögen, bzw. noch konkreter: hinhören können, sich auseinandersetzen, Argumente suchen, den anderen wichtig nehmen. Familien, in denen – manchmal auch lauthals – gestritten wird, sind bestimmt nicht die schlechtesten.

Toleranz fordert nicht, man müsse die eigene Meinung aufgeben, wohl aber die Bereitschaft, sie eventuell zu korrigieren und Kritik ernst zu nehmen. Auch in Glaubensfragen gilt: Wir sind allesamt erst auf dem Weg zur Wahrheit. Über den richtigen Weg kann und darf man streiten. Vielleicht läßt er sich so besser finden.

Phantasie und Kreativität

Der Schöpfungsauftrag lädt ein, Mitschöpfer Gottes zu werden. So müßten Christen eigentlich besonders phantasievoll und kreativ sein, sie müßten ganz vorne stehen, wenn es um die Qualität des Lebens, um Vielfalt und Schönheit geht! Ist nicht die Liebe selbst immer voll Phantasie und schöpferischem Reichtum? Schon in den einfachen Tätigkeiten des Alltags zeigt sich dies: Wenn wir ein Geschenk suchen für jemand, der uns besonders nahesteht, wenn wir Freunde einladen oder mit Kindern spielen. Je mehr wir füreinander empfinden, um so kreativer werden wir.

Gott sei Dank hat auch die Kirchengeschichte nicht nur dunkle Seiten! Die Verbindung von Glauben und Kreativität erkennt man im künstlerischen Reichtum noch des kleinsten Ortes; erst recht in den Bildern eines Leonardo oder Dürer, in der Musik eines Bach oder Mozart. Die Weichbilder mittelalterlicher Städte reden genauso davon wie die Puttenengel auf Barockaltären. Heute freilich scheint Ästhetik nicht gerade die Stärke der Christen zu sein; eher schreibt man ihnen – ob mit Recht oder nicht – Langeweile und Biederkeit zu.

Wie gut, daß es vor allem junge Menschen sind, die immer wieder von neuem Phantasie beweisen! Schade nur, daß sie oft gar nicht wissen, wie »christlich« sie damit im Grunde sind, weil niemand da ist, der es ihnen sagt, auch nicht in der Kirche…

Unvollkommenheit zugeben können

Sensibilität führt auch zur Selbsterkenntnis. Es würde das Zusammenleben erheblich erleichtern, wenn alle die Fähigkeit hätten, eigene Fehler zu erkennen und einzugestehen. Nicht zufällig stand auf dem Apollotempel im antiken Delphi, den man aufsuchte, um Wahrheit zu erfahren: »Erkenne dich selbst!« Schuld zugeben können, das ist die beste Hilfe, künftig richtiger zu handeln, aber auch nachsichtiger und gütiger mit der Schuld anderer umzugehen. Nur so gelingt Versöhnung.

Das bedeutet nicht, sich mit der Schuld, mit Unrecht und Bosheit einfach abzufinden – wohl aber, Mensch und Tat auseinanderzuhalten. Auch der Kriminelle ist noch Mensch, ja, ein Ebenbild Gottes! So ist es, um ein aktuelles Beispiel zu nennen, ein Beweis von Christlichkeit, daß selbst ein Honecker Aufnahme in einem evangelischen Pfarrhaus fand, in einer Familie, die unter seiner Diktatur zeitlebens zu leiden hatte.

Sicherlich wurden mit dem Wort »Schuld« immer auch Ängste geweckt und Neurosen gezüchtet. Aber wahr bleibt dennoch, daß Menschen immer wieder schuldig werden, denn dies ist der Preis ihrer Freiheit. Gut ist es daher, stets an den Balken im eigenen Auge zu denken, bevor man den anderen schuldig spricht (vgl. Matthäus 7,1-5).

Welch Trost aber zu wissen, daß es einen gibt, der vergibt, auch wenn Schuld und Schuldgefühle übermächtig zu werden drohen: den Gott der Liebe.

Von der Lebendigkeit der Gemeinde

Christsein ohne Sozialbezug, das gibt es nicht. Es zeigt sich schon im persönlichen Umgang, in Familie und Freundeskreis, am Arbeitsplatz und überall, wo wir anderen begegnen. Aber Christsein macht da nicht halt, und schon gar nicht kann ihm die gemütliche Kuschelecke (so wichtig und gut sie ist) genügen. Es muß in größere Bereiche hineinwirken. Einer davon ist die sogenannte Gemeinde.

Kirchliche Gemeinden gerieten in den letzten Jahrzehnten immer mehr in die Krise. Das hängt mit vielem zusammen, z.B. auch mit dem geänderten Freizeitverhalten, der zunehmenden Reiselust und allgemeinen Mobilität. In der katholischen Kirche wirkt sich auch der Priestermangel negativ aus. Aber es ist auch ein Problem der Attraktivität und Lebendigkeit, genauer gesagt, des Mangels daran.
»Wo zwei oder drei in meinem Namen versammelt sind, da bin ich mitten unter ihnen« (Matthäus 18,20). Das ist die »Keimzelle« der Gemeinde. Gemeinde ist da, wo sich Menschen – unabhängig von Verwaltungsgrenzen – zusammenfinden, um im guten Geist einander und anderen zu helfen. Gemeinde ist da, wo man miteinander Feste feiern will und Gottesdienste, wo man um eines guten Zieles willen miteinander diskutiert und auch streitet, wo man gemeinsam trauern und einander trösten kann.
Gemeinden leben von unten – Reglementierung erstickt sie. Angst vor zuviel Freiheit (vor allem der Jugend) ist der schlechteste Ratgeber, aber auch Anzeichen dafür, wie wenig man dem Geist Gottes zutraut. Je mehr es den einzelnen Gemeinden gelingt, als der Ort erkannt zu werden, wo Vielfalt und Phantasie gedeihen, wo Geborgenheit und Offenheit zugleich zu verspüren sind, um so schneller werden sie (wieder) lebendig und zum Zeichen für Gottes Geist, der unter den Menschen wirkt.

Christliche Politik?

Christsein hat noch eine größere, eine politische Dimension. Schon Jesu Aufforderung an die Jünger, in alle Welt zu gehen (Matthäus 28,19), spricht davon.
Sicherlich, mit sogenannter »christlicher« Politik wurde schon manches Unheil angerichtet. Auch Kreuzzüge oder die Ausrottung der Indianer fallen ja darunter. Freilich ist der Mißbrauch eines Begriffs noch kein Argument gegen die Sache selbst. Denn der politische Auftrag des Christen liegt im Wesen der Liebe begründet. Sie übersteigt alle menschlichen Begrenzungen. Wenn irgend-

wo auf der Erde noch Unheil ist, dann verlangt sie nach Hilfe und Heilung. Und das heißt manchmal auch, ungerechte Strukturen zu verändern.
Nur – je größer und komplizierter die Zusammenhänge, um so verheerender wirken sich sogenannte »einfache« Lösungen aus! Auch Glaubenskriege gaben sich als solche aus. Die moderne Welt wird täglich komplexer und unübersichtlicher. Ohne möglichst umfassende Informationen einzuholen, kann man keine politische Verantwortung übernehmen. Ebenso braucht man Fingerspitzengefühl und Einfühlungsvermögen. Es kann viele konkurrierende Mittel geben, um ein Ziel zu erreichen, und leider weiß man am Anfang oft noch nicht, welches das beste ist, weil man die Folgen des Handelns noch gar nicht alle ermessen kann.
Und doch gibt es gewisse Anhaltspunkte und Orientierungsmarken. Es sind Grundwerte, nach denen man sich richten muß, weil sie mit dem Glauben an Gott, den Schöpfer und Erlöser, aufs engste verbunden sind. Man hat damit gewissermaßen Zielvorgaben, aber auch Kriterien, nach denen man die Mittel, die zum Ziel führen sollen, überprüfen kann. Einige Beispiele sollten wir uns kurz ansehen.

Frieden und Versöhnung

Daß Christen weltweit für Frieden und Versöhnung, gegen Krieg, Feinddenken und Völkerhaß eintreten müssen, ist eine Selbstverständlichkeit. In sich »gerechte« Kriege gibt es nicht. Zwar gibt es ein Recht auf Verteidigung und sogar eine Verpflichtung dazu, um größeres Unheil zu verhindern. Gewalt aber kann immer nur das allerletzte Mittel sein, wenn zweifellos alle anderen versagen. Auch muß der Schaden, den jede Gewalt anrichtet, auf alle Fälle kleiner sein als der, der durch Gewaltverzicht entstünde. Gegen Hitler und die Nazischergen gab es schließlich kein anderes Mittel als Gewalt; der Widerstand vom 20. Juli 1944 war von christlichem Verantwortungsbewußtsein getragen. Aber Gott sei Dank sind meistens die Verhältnisse nicht so extrem und eindeutig. Vielerlei

gibt es daher zunächst zu prüfen: ob tatsächlich jeder Versuch eines Gesprächs und einer Verständigung durch Verhandlungen ins Leere liefe, ob bei Gewaltverzicht Unschuldige zu Opfern würden bzw. Unterdrückung und Versklavung drohten, und anderes mehr. Moderne Armeen sind vom christlich-ethischen Standpunkt aus nur dann berechtigt, wenn sie ausschließlich der Verteidigung Unschuldiger und der Notwehr dienen. Die Ereignisse in Rumänien zur Weihnachtszeit 1989 bewiesen, daß eine Armee nötig sein kann, um Schlimmeres zu verhindern. Aber eine friedliche Revolution wie in der DDR oder der Tschechoslowakei ist allemal besser. Gewaltsamer Widerstand ist nur ausnahmsweise Christenpflicht.
Rüstung ist immer auf das notwendige Minimum zu beschränken. Bevor man eine neue Waffengattung entwickelt, müssen erst alle Möglichkeiten einer Abrüstung erwogen werden. Die Bereitschaft Gorbatschows dazu steht also z.B. durchaus in Übereinstimmung mit christlichen Forderungen. Das faktische Ende des Ost-West-Konflikts ist hauptsächlich ihm zu verdanken. Wirkte Gottes Geist auch in ihm?
Auch jetzt noch muß man sich folgende Absurdität vor Augen halten: Im Ernstfall würde die hochentwickelte Waffentechnik dazu führen, daß nach einem Verteidigungseinsatz nichts mehr von dem übrig bliebe, was eigentlich verteidigt werden sollte! Andererseits verhalf die Kenntnis dieser Paradoxie über 40 Jahre lang zur Sicherung des Friedens zwischen den Großmächten...
Aber wäre das nicht auch einfacher gegangen, wenn es von Anfang an mehr Vertrauen gegeben hätte? War der Westen wirklich immer so hilfsbereit, um es der anderen Seite leichter zu machen? Warum gab man so viele Billionen (!) Dollar für gegenseitige Bedrohung aus, statt sie für die Lösung der brennenden Weltprobleme zu verwenden? Wurde im Westen wirklich christliche Politik gemacht, haben Christen und vor allem die kirchlichen Institutionen stets alles getan, um sinnlose Aufrüstung zu verhindern? Hätten nicht ganze Rüstungstechnologien, z.B. für atomare, bakteriologische und chemische Waffen, von Anfang an geächtet werden müssen, weil die Folgen ihrer Anwendung in jedem Fall größeres

Unrecht und Unglück als Nutzen gebracht hätten? (Die fürchterliche Quittung, die ein Diktator am Persischen Golf den Weltmächten präsentierte, ist auch Folge westlicher Gewissenlosigkeit.) Wann läuteten je die Kirchenglocken gegen die Sünde, den Mord an der Schöpfung vorzubereiten?

Das Volk, das im Dunkeln lebte

Vierzig Jahre lebte das Volk in der Finsternis. Die Mächtigen im Lande sagten: Wo ist Gott? Tut, was wir euch gebieten! Und sie beugten das Recht, bedrohten den Frieden und zerstörten die Schöpfung. Die Ohnmächtigen im Lande sprachen zueinander: Wir sind Gefangene hinter Mauern, wir können nichts mehr tun, wir haben keine Hoffnung. Und sie waren wie tot. Ihre Herzen wurden kalt, ihr Mut zerbrach, ihre Zukunft war verbaut.

Als aber die vierzig Jahre voll waren, siehe, da geschah es über Nacht: die Mauern brachen auf, die Wächter legten ihre tödlichen Waffen fort. Eine ungezählte Menge von Menschen stand auf. Sie zündeten Lichter an, gingen auf die Straßen und tanzten auf der Mauer. Geduckte hoben ihre Köpfe, Enttäuschte entdeckten: Es gibt doch einen Weg. Verplante machten selber Pläne. Die Alleswisser hatten plötzlich Fragen. Der Blinde las die Zeichen der Zeit. Und die Herrschenden machten sich nützlich.

Einige Menschen aber, die das sahen, sprachen zueinander: Seht, große Zeichen und Wunder geschehen in diesen Tagen. Das Volk, das im Dunkeln lebte, sieht ein helles Licht; denen, die im Schattenreich des Todes wohnten, erscheint ein Licht. Wir glaubten, zugrunde zu gehen, Gott aber hat uns gerettet. Sein Reich des Friedens und der Gerechtigkeit ist uns näher gekommen. Laßt uns tanzen und fröhlich sein. Denn wir waren tot, jetzt aber leben wir. Vierzig Jahre irrten wir durch die Wüste dieser Zeit. Jetzt hat Gott sein Volk heimgeführt. Ihm sei Lob und Dank!

Alwin Kunz

Hungern nach Gerechtigkeit und Freiheit

In jeder Minute gaben die Staaten der Welt am Ende der achtziger Jahre 2 Millionen Dollar für Rüstung aus, fast eine Billion im Jahr! Seitdem ist es kaum weniger geworden. Mit gerade 5% dieses Geldes könnte man zumindest den Hunger in den ärmsten Ländern der Erde beseitigen; und mit dem Betrag, den ein einziger moderner Panzer kostet, ließen sich Schulen für 30 000 Kinder in der Dritten Welt errichten.

Käme Christus heute, er würde wohl nach den Christen fragen, die solche Zustände ändern. Uns alle würde er wohl fragen, was wir für die Gerechtigkeit tun, zumal wir doch beten: »Dein Reich komme!«

Die wirtschaftliche Ausbeutung der Armen ist in der Tat himmelschreiend – und eine Zeitbombe zudem. Kirchliche Hilfswerke wie »Misereor« oder »Brot für die Welt« weisen ständig darauf hin. Gewiß leisten sie auch an ungezählten Orten wirksame Hilfe. Aber es ist genauso wichtig, Strukturen der Ungerechtigkeit zu ändern, durch die es möglich wird, daß in jedem Augenblick irgendwo ein Kind verhungern muß.

Neues wie Altes Testament rufen den Menschen zur Freiheit. Mit dem Auszug aus der Sklaverei in Ägypten beginnt die Geschichte Israels und damit die eigentliche Geschichte Gottes mit den Menschen. Der Glaube an den Gott Jahwe verlangt stets den Einsatz für Freiheit und Gerechtigkeit. Mag er auch sein Ziel nie vollkommen erreichen – nie dürfen wir müde werden, ihn zu wagen.

Was dieser Einsatz vermag, haben die Ereignisse in Osteuropa zum Ende der achtziger Jahre gezeigt. Es ist gut, daß überall auch Christen dabei in vorderster Linie standen, ja, daß sie den Beweis lieferten, daß Gewaltlosigkeit wirksam sein kann. Freiheit läßt sich jedoch nicht geographisch eingrenzen. Sie muß genauso die Länder erfassen, in denen Unterdrückung, Armut und Hunger die Völker versklaven.

Bewahrung der Schöpfung

Viel zu spät wurden Christen (und ihre Politiker) auf ein anderes, immer brennender werdendes Problem aufmerksam: die Zerstörung der Schöpfung. Wasser, Luft und Erde, Grundlagen des Lebens, sind weltweit schon zu größten Teilen verseucht. Krankheiten und Hunger sind Folgen davon. Tag für Tag sterben Pflanzen- und Tierarten aus, wird die Schöpfung durch menschliche Schuld ärmer und ärmer.

Viel zu lange war Umweltschutz ein Fremdwort bei Christen. Mitunter verstand man den Schöpfungsauftrag gar als Freibrief, die Natur um jedes momentanen Vorteils willen auszubeuten. Heute aber kann nur noch ein radikales, die ganze Menschheit erfassendes Umdenken die Schöpfung vor der Zerstörung bewahren. Es wäre ein religiöses Umdenken, das die Welt als Geschenk und Aufgabe zugleich begreifen lernt. Es bedarf aller Phantasie (und wissenschaftlichen Erfindergeistes!), um sie überhaupt noch einigermaßen heil kommenden Generationen zu hinterlassen.

Die Weltversammlung der Kirchen in Seoul im März 1990, die unter dem Motto »Gerechtigkeit, Frieden und Bewahrung der Schöpfung« stand, wollte ein Zeichen setzen. Wenn aber nicht Taten, viele Taten folgen, war sie nicht mehr als ein Tropfen auf den heißen Stein.

Was also ist christliche Politik? Sicherlich ist sie nicht von vorneherein in allen Einzelheiten festgelegt. Noch einmal: Alle »einfachen« Lösungen bringen nur neues Unglück. Doch die Richtung zu finden, das dürfte für den Christen nicht unmöglich sein. Freilich muß er wirklich täglich nach dem Willen Gottes fragen, den er im Gebet – »wie im Himmel so auf Erden« – anruft. Dann muß er auch an den Irrtümern nicht verzweifeln, die ihm unausweichlich unterlaufen werden.

Glaube und erfülltes Leben

Der christliche Glaube kann inneren Halt geben. Christliche Spiritualität vermag das ganze Denken und Handeln eines Menschen im besten Sinn des Wortes zu »beseelen«. Sie kann zur Selbstverwirklichung jedes einzelnen verhelfen – vorausgesetzt, man mißversteht sie nicht als Anleitung zur Egozentrik, sondern betrachtet sie als Prozeß des Wachsens und Reifens zur Liebe hin.
Dieser Glaube erweist sich als wahr in den kleinsten Handlungen des Alltags, in der Grundhaltung zu allem Leben und im sozialen Bezug. Doch fordert er auch Konsequenzen in größeren Bereichen bis hin zur Weltpolitik. Mehr denn je tragen Christen heute Weltverantwortung. Da besonders wird man sie an ihren »Früchten« erkennen und messen.
Täglich neu gilt es den Beweis anzutreten, wie gut sich mit Gott – dem Gott der Liebe – leben läßt.

7

Vom Stammtisch durch die Welt

Es sollte noch ein langer Abend werden. Man mußte zwei Tische im Lokal zusammenstellen. Überraschenderweise kam nämlich auch Helga – Daniela hatte sie informiert –, und zwar in Begleitung. Es war ihr Cousin Dirk, 22 Jahre alt und mit sächselnder Aussprache. Vor 14 Tagen erst war er aus Leipzig gekommen und wohnte nun vorübergehend bei Helgas Eltern. Kurz vor Weihnachten war er schon einmal dagewesen, hatte sich dabei gleich um eine Arbeit erkundigt und prompt bei einer Druckerei Glück gehabt. Die Übersiedlung Dirks war auch der Grund, weshalb Helga nicht zu den Vorträgen im Pfarrheim gekommen war.

Dirk, der ein wenig verlegen war, stand sofort im Mittelpunkt des Interesses. Wie es denn gewesen sei in Leipzig, bei den Montagsdemos im Herbst 1989 zum Beispiel, ob er auch in der Nikolaikirche dabeigewesen sei? Nein, das nicht, aber er habe Kontakt mit Leuten um einen jungen Pastor gehabt, die sich sehr engagiert hätten. Bei den großen Demonstrationen sei er aber auch selbst mehrmals dabeigewesen. Er sei übrigens nicht getauft, habe aber großen Respekt vor den Christen mit ihrem Mut bekommen. Auch zwei Katholiken kenne er, die wegen »staatsfeindlicher Hetze« sogar im Gefängnis gesessen hätten; sie hätten auch zur Gruppe um den Pastor gehört. »Ich kenn' mich ja mit dem Christentum nicht so aus«, fügte er hinzu, »jedenfalls war der Unterschied zwischen Evangelisch oder Katholisch offenbar unwichtig. Die Engagierten gingen zusammen in die Gottesdienste, auch eine Menge Nichtgetaufter darunter«.

Besonders Simone und Christian fühlten sich in ihrer ökumenischen Einstellung bestärkt. »Da sieht man es wieder«, warf sie ein, »an der Basis, vor allem bei den jungen Leuten, macht die Kirchentrennung doch schon längst keinen Sinn mehr! Es gibt nur eine einzige Kirche, die christliche! Aber die da oben wollen das nicht wahrhaben«.

Dirk wußte nicht so recht, was er darauf sagen sollte. Martina wollte von ihm wissen, ob er sich denn für den Glauben interessiere. »Irgendwann einmal vielleicht schon; aber dazu braucht man viel Zeit. Momentan gibt es für mich Wichtigeres. Wenn ich hier einmal Fuß gefaßt habe, ja, dann könnte ich mir schon vorstellen, daß ich mir Gedanken mache über Gott und so. Bei uns gab es ja nur Marxismus-Leninismus, angeblich alles wissenschaftlich; die Lehrer sagten, wer an Gott glaube, habe eben noch das falsche Bewußtsein. So viele Möglichkeiten, sich objektiv zu informieren, gab es bei uns gar nicht.«

»Martina, du wolltest doch heute nicht mehr über Religion reden«, meinte Siggi ironisch. Aber das Thema war einfach zu interessant. Doch Dirk konnte nicht mehr viel dazu beisteuern; so fragte ihn Sandra, wie er sich denn so fühle im Westen. Für Dirk war freilich alles noch viel zu neu; daß er nun aber frei herumreisen dürfe, das finde er wirklich am allertollsten! Wenn er erst einmal etwas Geld verdient habe, dann werde er als erstes Reisen unternehmen, ans Mittelmeer vor allem, das sei schon lange sein Traum.

Walter machte ihm spontan einen großartigen Vorschlag. Daniela und er waren begeisterte Griechenlandfans; auch diesen Sommer wollten sie mit ihrem Campingbus wieder in Griechenland verbringen. »Du und Helga, ihr könntet eigentlich mitfahren! Ihr müßt nur den Urlaub rechtzeitig festlegen. Mensch, dann zeigen wir euch mal das klassische Griechenland! Ob wir allein oder mit euch fahren, der Sprit ist derselbe. Und du, Dirk, bist von uns Wessis einfach eingeladen!«

Dieser bekam glänzende Augen. »Wahnsinn, wenn das klappen würde! Hoffentlich läßt sich das mit meinem neuen Job regeln. Gottseidank hat mein Chef viel Verständnis, er ist selbst noch kurz vor dem Mauerbau 61 rübergekommen.«

Dirk hatte das Stichwort gegeben, um das es den weiteren Abend

ging: Reisen. Petra erzählte, sie freue sich schon so auf Pfingsten. Da sei das Abi vorbei, und dann wolle sie eine größere Türkeireise machen. Philipp und Sandra überhäuften sie gleich mit jeder Menge Tips, da sie im letzten Sommer vier Wochen dort gewesen waren und mit Bussen das halbe Land abgeklappert hatten. Philipp war ganz stolz auf seine Kenntnisse: »Der Islam übrigens – man meint ja immer, so eine finstere Religion mit lauter Fanatikern, Chomeini und so. Aber in Wirklichkeit ist die islamische Kultur unwahrscheinlich bunt und lebendig.« »Genau«, ergänzte Sandra, »wenn man z.B. in Istanbul in die Blaue Moschee geht, da verschlägt es einem richtig den Atem vor lauter Pracht«.
Martina, die letztes Jahr mit einer Studienkollegin und deren Bruder in Marokko gewesen war, pflichtete bei: »Stimmt, vom Islam hat man bei uns eine ganz einseitige Meinung. Man verwechselt die Fanatiker dort mit der Religion selbst. Dabei hat der Islam z.B. nie die Freude am Leben so verdrängt wie bei uns das Christentum. Und toleranter war er auch. Freilich, daß die Frauen immer noch benachteiligt werden...« Siggi erinnerte sie wieder daran, man habe doch ausgemacht, nicht über Religion zu diskutieren. Aber es war wie verhext: Man kam einfach immer wieder darauf zurück. Auch die Reisepläne von Simone und Christian hatten nämlich etwas damit zu tun: Bald, zur Osterzeit schon, würden sie eine Israelreise antreten, die Karwoche in Jerusalem verbringen und biblischen Spuren nachgehen. Christian hatte schon seit langem eine Vorliebe für das Judentum entwickelt. Seine These war: Die Geschichte des Christentums würde ganz anders aussehen, wenn man immer bedacht hätte: Jesus war doch selbst Jude! Das sagte Christian auch an diesem Abend. »Der Fehler war doch, daß sich die Christen schon so früh an die griechische Philosophie gehängt haben – drum sind sie so lebensfeindlich geworden. Wenn heute euer Papst dauernd gegen Empfängnisverhütung wettert, dann ist das doch immer noch so!«
Fast alle gaben ihm recht; nur Walter wandte ein, das mit der griechischen Philosophie sei vielleicht gar nicht so schlecht gewesen. »Du wirst dich wundern, aber ich hatte letztes Jahr auf der Peleponnes ein Buch über griechische Philosophie dabei. Leider gab

es in meiner Schule kein Griechisch, und so habe ich auch nicht alles verstanden. Aber es war ungeheuer interessant. Von den alten Griechen, glaube ich, läßt sich noch heute eine Menge lernen!«
Gunther pflichtete ihm bei: »Weißt du übrigens, daß schon griechische Philosophen die Wiedergeburt kannten? Zum Beispiel Platon oder Pythagoras. Ganz ähnlich wie Buddha oder die Inder.«
Er war ganz in seinem Element. Wie er erzählte, sparte er auf eine größere Asienreise, wahrscheinlich nach Indien oder Nepal. Er könne sich auch vorstellen, auf Zeit in ein japanisches Zen-Kloster einzutreten. Das überraschte sogar seinen Freund Siggi: »Ob du dir da nicht zuviel versprichst? Ich war vor zwei Jahren mal in Thailand. War toll, aber dort ist man inzwischen genauso westlich orientiert wie überall. Und wenn man in einen buddhistischen Tempel kommt und den ganzen Prunk und den Aberglauben dort sieht, dann hat man das Gefühl, daß die Mönche dort die Leute genauso für dumm verkaufen, wie es bei uns die Kirche getan hat.«
Siggi hatte in ein Wespennest gestochen! Gunther fand aber sogar bei Petra Unterstützung: »Man darf doch nicht Mißstände, die es sicher auch dort gibt, mit der Religion selbst in einen Topf werfen! Vor kurzem habe ich ein Buch über den Dalai Lama geschenkt bekommen. Wenn man das liest, fragt man sich, ob die Unterschiede zwischen den Religionen wirklich so groß sind. Vielleicht kann man vom Buddhismus auch vieles lernen, Gewaltlosigkeit oder die Einstellung zur Natur zum Beispiel.«
»Und vor allem Kritik an unserem Konsumdenken«, ergänzte Gunther. »Immer nur mehr Wohlstand, Geld und Macht! Man sieht das doch jetzt wieder an der DDR – so als wäre der Westen ein Paradies, nur weil es hier so viele Kaufhäuser gibt!«
Am liebsten hätte er sich gleich auf die Zunge gebissen: Er hatte ganz vergessen, daß ja auch Dirk dabeisaß. Dieser protestierte auch: »Das stimmt doch gar nicht! Es ging bei uns nicht bloß um Wohlstand – gut, um den auch. Wenn es dir 40 Jahre schlecht geht, dem Nachbarn aber ständig besser, dann wirst du auch neidisch und fühlst dich betrogen. Aber das Entscheidende war einfach die Unfreiheit. Was jetzt passiert, ist unsere Rückkehr nach Europa – von Asien haben wir drüben jedenfalls die Nase voll!«

Eine Weile wurde diskutiert, was »Europa« denn überhaupt sei. Man kam erneut auf die alten Griechen und die abendländische Kultur zu sprechen. Christian wußte wieder einmal am besten Bescheid; er sprach von zwei Pfeilern Europas, dem Judentum und der griechisch-römischen Antike (darüber hatte er nämlich erst vor 14 Tagen eine Vorlesung gehört). »Freiheit, Gleichheit, Brüderlichkeit, unsere Demokratie, die Menschenrechte, Humanität usw.: Das verdanken wir alles der Bibel und den Griechen – nicht Buddha oder den Chinesen!« dozierte er.

Er ereiferte sich fast; aber er schien kompetent zu sein, und so hörten die anderen respektvoll zu. Martina fragte ihn, wie denn der Islam dazu stehe. Mohammed habe doch von Juden und Christen gelernt. Eine schwierige Frage! Christian vermutete, dem Islam fehle vielleicht das griechische Erbe, zumindest stütze er sich heute nicht mehr darauf. Daher bestehe wohl auch die Gefahr des Fanatismus, der in der nächsten Zeit zu einer größeren Bedrohung werden könnte als der Marxismus. »Im Islam trennt man nicht zwischen Glauben und Politik. Wer aber einen Gottesstaat errichten will, der ist gefährlich. Dann ist der ›heilige Krieg‹ nicht mehr weit!«

Gunther kam noch einmal auf den Buddhismus zurück und wies auf dessen Friedfertigkeit im Vergleich zum Islam hin. »Das hängt eben auch mit dem Meditieren zusammen – daran fehlt es bei uns… Gut, es gab mal große Mystiker im Mittelalter; die haben schon gewußt, daß man mit der Ratio allein nicht weiterkommt. Und heute? Geh mal in einen normalen Gottesdienst: Da wird immer nur geredet und scheußlich gesungen – darüber haben wir doch heute nachmittag gesprochen.«

»Also, in Griechenland, da ist das aber ganz anders«, mischte sich Daniela ein. »Wir waren mal in einem feierlichen orthodoxen Gottesdienst: eine irre Atmosphäre, ganz mystisch, wie in einer anderen Welt. Es dauerte über zwei Stunden, es waren immer die gleichen Gesänge, und man mußte dauernd stehen. Es war aber unwahrscheinlich eindrucksvoll!« Walter ergänzte, auch er habe damals eine Art religiöses Gefühl bekommen, wie er es eigentlich sonst nicht kenne. »Also gibt es Mystik und Meditation auch im

Christentum«, folgerte Simone. »Man braucht nicht unbedingt nach Asien zu gehen, wenn man so was sucht.«

Siggis neuerlicher Hinweis, man sei schon wieder bei der Religion gelandet, wurde einfach ignoriert. Man diskutierte weiter über Kulturen und Weltreligionen, über Philosophien und Ideologien, daß die Zeit nur so im Flug verging. Längst waren sie die letzten im Lokal; der Wirt begann schon die Stühle aufzuräumen. Seiner Bitte, abkassieren zu dürfen, kam man nur mit größtem Bedauern nach.

»Es gibt noch genügend Gesprächsstoff für die nächsten 40 Jahre«, scherzte Siggi, als sie sich draußen trennten. »Und auch dann werden wir noch an kein Ende gekommen sein«, setzte Simone hinzu. Gunther fand das passende Schlußwort: »Der Weg ist das Ziel, sagt Buddha.«

Die beiden Gelehrten

In der alten Stadt Afkar lebten einst zwei Gelehrte. Sie haßten einander, und einer bekämpfte die Lehre des anderen. Der eine leugnete die Existenz der Götter, der andere war gläubig.
Eines Tages trafen sie einander auf dem Marktplatz. Inmitten ihrer Schüler hoben sie an, über Sein und Nichtsein der Götter zu streiten. Erst nach stundenlangen Wortgefechten gingen sie wieder auseinander.
Am selben Abend ging der Ungläubige in den Tempel, warf sich vor dem Altar auf den Boden und bat die Götter wegen seines Starrsinns um Vergebung.
Zur gleichen Stunde verbrannte der andere Gelehrte, jener, der die Götter hochgehalten hatte, seine heiligen Bücher. Denn er war ungläubig geworden.

Khalil Gibran

Zur Sache

Voneinander lernen

Alle Grenzen und Schranken überwinden, das ist der christliche Auftrag. Im letzten Kapitel soll dieser Gedanke noch ein wenig entfaltet werden. Dabei wird nicht der hohe Anspruch gestellt, zum Dialog der Weltreligionen aufzurufen (obgleich ein solcher in unserem Sinn liegt); es geht lediglich darum, dem einzelnen, der durch dieses Buch möglicherweise Interesse am Christentum fand, zu helfen, auch andere »Angebote« besser zu verstehen und einzuordnen.
Man kann für sich selbst, für die eigene Überzeugung, viel hinzulernen, wenn man sich mit bislang unbekanntem Gedankengut auseinandersetzt. Paulus riet einmal (in der ältesten Schrift des Neuen Testaments) den Christen in Thessaloniki: »Prüft alles und behaltet das Gute!« (1. Thessalonicherbrief 5,21) – ein Rat, der heute, da wir uns vor Informationen und Angeboten immer schwerer zurechtfinden, noch aktueller ist als damals.

Wer frei über allem schwebt, findet selten festen Grund

Wie schon gesagt, verkünden unter dem Anspruch, »esoterische« Weisheit zu offenbaren, mancherlei selbsternannte Propheten und Gurus die angebliche Einheit aller Religionen, Philosophien oder sogenannten Geheimlehren zu einer Art »Meta-Religion«: Sie vermischen dabei meist einzelne Sätze, Lehren, Geschichten oder Mythen – allesamt Bruchstücke verschiedenster zeitlicher und kultureller Herkunft – zu einem neuen Gedankengebäude; dieses erhält so einerseits den Anstrich zeitlos gültiger Wahrheit, andererseits den scheinbarer Offenheit und Toleranz. Alle bisherigen Religionen und Weltanschauungen seien zu einer umfassenden »Über-Religion« vereinbar. Der Buddhist glaube ja im Grunde nichts anderes als der wahre Christ, Platon und die hinduistischen Veden meinten eigentlich dasselbe, ebenso wie die Mystiker des Islam oder des christlichen Mittelalters. Ob Kabbala (= jüdische Mystik), Schamanenkult oder die antiken Mysterien von Eleusis: Alles sei Eins, und die Gegensätze lösten sich auf wie Tropfen im Ozean.

Der leider nicht so leicht erkennbare Pferdefuß bei solch verlokkenden Angeboten ist nur, daß man, folgt man ihnen, leicht in den Zustand völliger Unverbindlichkeit gerät und die Erfahrung machen muß, zwar frei über allem zu schweben, aber kein rechtes Fundament zu finden. Man braucht aber, um sich orientieren zu können, einen Standort, von dem aus sich der Horizont überprüfen läßt.

Auf der anderen Seite muß man freilich auch aufpassen, ob das Fundament noch in Ordnung ist; dazu braucht man die anderen und die Auseinandersetzung mit ihnen. Auch das stimmt: Man muß sein Leben lang weiterlernen, ohne je das Ziel völlig zu erreichen; man braucht dazu Verstand *und* Gefühl, Erfahrung *und* Kritik, Nachdenken *und* Streitgespräche.

Was soll, was kann ein einzelner Christ von anderen lernen, damit er sich selbst, seinen Glauben und seine ethische Grundhaltung verbessern kann?

Schmerzliche Spaltungen

Daß das Christentum gespalten ist, ist ein großes Ärgernis. Die Religion der Liebe – wie glaubwürdig ist sie, wenn ausgerechnet die, die sich zu ihr bekennen, miteinander so lieblos umgehen, sich gegenseitig von Gottesdienst und Herrenmahl ausschließen oder gar blutig bekämpfen, wie es oft geschah und bis heute (man denke nur an Nordirland) geschieht? Dabei müßten doch gerade Christen Zeichen der Versöhnung setzen und Gemeinschaft vorleben, so wie der, auf den sie sich berufen, es zu seiner Zeit beispielhaft tat! Konfessionelle Schranken stoßen, vor allem in Westeuropa, auf immer weniger Verständnis. Es mag hoffnungsvoll stimmen, wenn junge und engagierte Christen gar nicht mehr verstehen, weshalb sie nicht gemeinsam handeln, feiern oder beten sollten, und wenn sie kaum noch wissen, was einstmals zu den Spaltungen der Christenheit führte. Manche halten es nur noch für eine Frage weniger Jahre, bis jene endgültig verschwunden seien. Und doch ist in Folge konfessioneller Eigenständigkeit auch manches Gute und Bereichernde gewachsen, was einfach zu beseitigen viel zu schade wäre. Paradoxerweise haben Spaltungen die Christenheit als ganze vielfältiger und farbiger gemacht. Die Konfessionen sahen sich ja gezwungen, sich immer intensiver auf das zu besinnen, was sie von den anderen unterschied; diese ihre Eigenständigkeit mußten sie immer besser zu begründen und auszugestalten versuchen. So entstanden auch gute Traditionen. Heute, in einer Zeit, in der die Einheit der Christen immer dringlicher wird, darf es doch nicht zu einem grauen Einerlei kommen. Es muß eine Einheit in Vielfalt werden, bei der ein jeder vom anderen lernen kann und am Guten, das er dort findet, teilhaben darf.

Katholisch – evangelisch – orthodox

Wir beschränken uns auf die drei Grundrichtungen, in denen sich der christliche Glaube ausgeprägt hat. Im Jahre 1054 trennten sich die westliche und die östliche (byzantinische) Kirche im Streit um einige dogmatische, kirchenrechtliche und machtpolitische Fragen. Die östliche Kirche, die sich die »rechtgläubige« (= orthodoxe) nannte, erkannte vor allem den Vorrang des Papstes nicht an. Lehre und Liturgie der Ostkirche haben sich bis heute kaum verändert, auch wenn in verschiedenen Staaten des östlichen Europas eigenständige orthodoxe Kirchen entstanden.
Den Beginn der Reformation und damit der Spaltung zwischen katholischer und evangelisch-reformierter Kirche kann man auf den sogenannten Thesenanschlag Martin Luthers am 31. Oktober

1517 in Wittenberg datieren. Der Auslöser dafür war die damalige Veräußerlichung der römischen Kirche, wie sie sich z.B. im Handel mit dem »Ablaß« von Sündenstrafen zeigte. Die Kirche beanspruchte nämlich das Recht, über diese zu verfügen. Vor allem in Deutschland war es üblich geworden, einen Erlaß solcher Strafen im Fegefeuer gegen Geld zu verkaufen.

Luther stellte aber nicht nur diesen Mißbrauch in Frage, sondern die gesamte Tradition der Kirche, soweit sie über das Wort Gottes, die Bibel, hinausging. Er bestritt dem Papst das Recht, in Glaubensfragen zu entscheiden bzw. etwas zu lehren, was nicht durch die Bibel begründet ist. Nicht durch gute Werke, sondern allein durch den Glauben (vgl. Römerbrief 1,16 f.) erlange der Christ Erlösung.

Demgegenüber behauptete die katholische (= »allumfassende«) Kirche, daß dazu Glaube *und* gute Werke nötig seien, daß die Heilige Schrift, aber auch Tradition und Lehramt der Kirche für die Wahrheit des Glaubens bürgten. Während sich der Protestantismus in der Folgezeit immer mehr auf das Studium der Bibel (= das »Evangelische«) konzentrierte sowie eine biblisch ausgerichtete Volksfrömmigkeit durch Predigt und Kirchenlied förderte, suchte die katholische Kirche durch barocke Prachtentfaltung, durch einen Abglanz himmlischer Herrlichkeit auf Erden, wie man meinte, die Herzen zu gewinnen. Heilige Messen und Sakramente, Heiligenverehrung, Andacht und Wallfahrt sollten besonders dazu beitragen.

Traditionen können sich ergänzen

Streit von gestern? Ja – und doch entstanden so Traditionen, die sich heute gegenseitig befruchten könnten. So verdanken wir der Reformation die Erkenntnis, wie wichtig Selbständigkeit und kritischer Geist für den Glauben sind. Luther entlarvte viele Riten und Lehren, die im Lauf der Jahrhunderte entstanden waren, als bloßes Menschenwerk; was Päpste, Bischöfe oder Mönche für den Willen Gottes ausgegeben hatten, war allzuoft nur Eigensucht und Machthunger gewesen. Luthers Fundament, das ihn zum Protest gegen Veräußerlichung und Entstellung der Kirche berechtigte,

war die Bibel, das Wort Gottes selbst. Alles, was diesem in der kirchlichen Tradition zu widersprechen schien, lehnte er ab.
Individualität, die sich keiner vorgegebenen menschlichen Autorität unterwirft, ohne sie kritisch zu prüfen; die stete Besinnung auf den Ursprung des Christentums; die daraus folgende intensive Beschäftigung mit seiner Grundlage, Bibel und Evangelium; die Akzentsetzung auf theologisch durchdachte Predigt und Wortgottesdienst – dies zum Beispiel sind erhaltenswerte und auch heute aktuelle Beiträge des »Protestantismus«, der gegen jede Art von Veräußerlichung und Erstarrung protestiert – wofür bei der friedlichen Revolution im Ostblock, vor allem in der DDR, ein erneuter und überzeugender Beweis geliefert wurde. Insofern sollte jeder Christ »Protestant«, jeder »evangelisch« und das heißt auch: auf der Höhe der Zeit sein.
Die Überbetonung des Individuums kann allerdings auch zur Zersplitterung führen. In Folge der Reformation entstanden unzählige Einzelkirchen bis hin zu fundamentalistischen Sekten. Demgegenüber verkörpert die katholische Kirche bis heute die weltweite Einheit des christlichen Glaubens, die alle Zeiten und Kulturen überspannen soll. Aus diesen übernahm sie auch immer wieder Elemente in ihre eigene Tradition. Mit anderen Worten: Sie erwies sich immer auch als lernfähig und behauptete nicht, im Anfang sei bereits alles zeitlos und unveränderbar gültig vorhanden gewesen. In Auseinandersetzung mit dem Protestantismus und dessen eindeutiger Betonung des Wortes und der Schrift entwickelte die Kirche der Gegenreformation eine Glaubensform, in der auch das Reich der Gefühle, die Zuwendung zur Welt und der Sinn für Schönheit ihren Platz bekommen und so die Strenge des Dogmas mildern sollten. Denn die Sehnsucht nach Erlösung braucht der Freude an der Schöpfung nicht zu widersprechen. Genau dies aber mußten die Kirchen der Reformation erst in unserer Zeit wieder lernen: Allein mit dem Wort, ohne Sinnlichkeit, Kreativität und Phantasie trocknet der Glaube aus. Um so mehr aber muß auch die katholische Kirche heute ihre eigene Tradition ernst nehmen und sich mehr für die Vielfalt der Kulturen und die Bedürfnisse der Gegenwart öffnen.

Die orthodoxe Kirche legt bis heute den Schwerpunkt auf das Geheimnis des Glaubens, das Mysterium. Weil sie sich seit Jahrhunderten in ihrem Wesensbestand kaum mehr änderte, konnte sie den Geist der Spätantike und des Mittelalters getreu bewahren. Wer einen orthodoxen Gottesdienst besucht, wird sich vermutlich vom Zauber des sakralen Geheimnisses berühren lassen. Im Westen ist vielleicht die Wahrheit in den Hintergrund gerückt, daß Kern und Ursprung des Glaubens ein dem Verstand unzugängliches Geheimnis sind und bleiben. Daß Gott sich offenbarte, als Erlöser Mensch wurde, starb und auferstand, daß er im Heiligen Geist mitten unter uns anwesend ist – es kann mit den Mitteln der Logik und der Sprache nur bildhaft angedeutet, nie aber erfaßt werden. Und doch vermögen wir in Momenten innerer Sammlung und Feierlichkeit von diesen Geheimnissen bis ins Innerste ergriffen zu werden.
Dies aber darf uns wiederum nicht zur Realitätsferne, zur »Entweltlichung« und somit Erstarrung führen. Theologisch-scharfsinniger Diskurs, sinnliche Freude an der Schöpfung, mystische Feierlichkeit: Dies und vieles mehr sind die Früchte, an denen man den christlichen Glauben erkennen soll.

Jeder Christ ein Jude?

Jesus war nicht der erste Christ, er war Jude. Er ging nicht zur Kirche, um dort die »Sonntagspflicht« zu erfüllen, sondern am Sabbat in die Synagoge. Er las nicht im Neuen Testament, sondern in der Tora. Wenn aber Jesus Jude war, sind es dann nicht automatisch auch alle Christen?
Vom Juden unterscheidet einen Christen (abgesehen von unterschiedlichen Riten) eigentlich nur eines: Ein Jude vermag nicht zu glauben, daß Jesus der »Christus«, d.h. der schon gekommene Messias (= Erlöser), und als Sohn Gottes wesensgleich mit Jahwe, dem Gott Abrahams, Isaaks und Jakobs, sei. Ansonsten aber sind Glaube und Ethik von Juden und Christen aufs engste verwandt.
Jeder Christ müßte daher mit besonderer Hochachtung und Liebe dem Judentum begegnen und bereit sein, von ihm, der »Mutter-

Religion«, stets von neuem zu lernen. Daß in der Geschichte des Christentums meist das genaue Gegenteil der Fall war, daß im Namen Christi Juden massenhaft verfolgt und getötet wurden, gehört zum Schlimmsten, was je durch eine Religion geschah. Um so dringlicher ist es, sich im christlichen Glauben wieder auf dessen Wurzeln zu besinnen.

Nach der Zerstörung Jerusalems durch die Römer im Jahr 70 und der Trennung von Juden und Anhängern Jesu wandten sich diese mehr und mehr der griechischen Welt zu und übernahmen zum Großteil deren Sprache, Denkweisen und Philosophie. Dieser Vorgang wäre an sich keineswegs ein Schaden gewesen, wenn dabei nicht das jüdische Fundament immer schmäler geworden wäre. Man geriet in Gefahr, in Jesus bald nur noch einen hellenistischen Gottmenschen zu sehen, einen Christus, der immer mehr dem Lichtgott Apollo oder Helios, dem Sonnengott, glich, und dabei den jüdischen Handwerkersohn Jesus von Nazaret, den Menschen aus Fleisch und Blut, beinahe zu vergessen.

Besinnen wir uns als Christen daher wieder mehr auf den Juden Jesus! Er hat besondere Akzente im Judentum gesetzt: die Vorrangstellung der Liebe bis hin zur Feindesliebe, die Betonung der Güte und Fürsorge Gottes, den er zärtlich mit dem Kosenamen »Abba« ansprach, den Zuspruch des Reiches Gottes für die Außenseiter, für Sünder und Kranke, Arme und Schwache. Jesus aber hat nie Weltflucht gepredigt oder das Diesseits dem Jenseits geopfert, nie Leib und Seele gegeneinander ausgespielt oder den rechten Glauben dem rechten Handeln übergeordnet. Das Judentum ist eine Religion des Diesseits. An ihrem Beginn steht die Erfahrung konkreter, irdischer, ja, auch politischer Befreiung. Für den Juden ist Gottesverehrung nur durch das Tun des Guten, durch die Liebe zum Mitmenschen, möglich.

Zum Judentum gehört auch die Freude an der Schöpfung, nicht ihre Zerstörung. Daß die Materie etwas Schlechtes, eine Verirrung des göttlichen Geistes sei oder der Leib gar das »Grab der Seele« – solche Gedanken konnten nur Griechen oder Perser entwickeln, Juden bleiben sie fremd.

Vom Judentum lernen heißt heute konkret: sich wappnen vor einer angeblichen »neuen« Religiosität, die insgeheim Weltflucht predigt, das Geistige überbetont, aber das Körperliche abwertet, Befreiung nur verinnerlicht, aber die Erde ihrem Schicksal überläßt.

Islam – nichts als Fanatismus und Mittelalter?

Wer heute öffentlich sagen würde, Christen sollten vom Islam lernen, dürfte kaum mit Beifall rechnen. Allzu rückständig und bedrohlich erscheint diese Religion dem Europäer. Fanatische Fundamentalisten, verrückte Terroristen, zum Krieg aufpeitschende Politiker – so kennt man den Islam vom Bildschirm. Aber damit wird man seinem Wesen etwa so gerecht, wie wenn man das Christentum mit brennenden Scheiterhaufen, der Ausrottung der Indianer oder den Nazipredigten eines Reichsbischofs Müller erklären wollte.

In Wirklichkeit ist der Islam eine mit Juden- und Christentum eng verwandte Religion. Mohammed (ca. 570 bis 632) übernahm viele ihrer Wesenselemente, vor allem den Glauben an den einen Gott, der barmherzig ist und den Menschen aus Liebe schuf. So gab er ihm die Schöpfung, damit er sich an ihr erfreue. Der Islam ist im Grunde die bunteste und lebensfreudigste Weltreligion. Weil Allah so gütig ist, daß er keinen, der ihm vertraut, zugrundegehen läßt, ist auch keine Weltflucht nötig, um Erlösung zu erlangen. Nein, es wäre sogar Sünde, die Herrlichkeit von Allahs Schöpfung nicht dankbar zu genießen!

Pracht und Zauber des Orients sind natürliche Folgen des islamischen Glaubens. Darin wird von Anfang an auch die soziale Dimension betont. Nicht nur die Almosensteuer (Zakát), sondern überhaupt die Verbundenheit aller Gläubigen, die eine einzige Gemeinde (Umma) bilden sollen, stehen dafür. Beim Haddsch, der großen Wallfahrt nach Mekka, tragen König und Bettler das gleiche Pilgergewand und vollziehen die gleichen Riten. Ohne Unterschied verrichten alle dieselben Gebete am Tag, sprechen dasselbe Glaubensbekenntnis und fasten gemeinsam im Monat Ramadan. So formt und durchdringt der Glaube das gesamte Leben des Moslems.

Dennoch liegt genau darin auch eine Gefahr. Die Trennung von Religion und Politik, von Glauben und Wissenschaft ist eine (europäische) Errungenschaft der Neuzeit, die dem Islam fehlt. Menschen sind allzu leicht versucht, Gott für ihre eigenen Zwecke zu mißbrauchen und ein Gottesreich auf Erden errichten zu wollen, das doch nur ein Menschenreich werden kann: Die Versuche, einen Gottesstaat zu gründen, füllen besonders finstere und blutige Kapitel des Geschichtsbuchs.
Ein weiteres Problem wird wohl dem Islam der Zukunft zu schaffen machen: die Notwendigkeit, auch den Koran – ähnlich wie wir die Bibel – historisch-kritisch zu lesen. Er ist eben nicht direktes, durch den Erzengel Gabriel in Arabisch diktiertes Gotteswort, sondern Menschenwort, das von den Erfahrungen mit Gott berichtet – in der Sprache *seiner* Zeit, unter den Voraussetzungen des 7. Jahrhunderts nach Christi Geburt, wie sie in Arabien gegeben waren. Viele Schwierigkeiten des gegenwärtigen Islams liegen darin, daß die überwiegende Mehrheit der Moslems den Koran jedoch als einen in allen Einzelheiten gültigen, zeitlosen und umfassenden »Katalog« von Anweisungen betrachtet.

Hinduismus und Buddhismus: Der Weg nach Innen

Weitaus faszinierender auf den Westen wirken die Religionen des Ostens, Hinduismus und vor allem Buddhismus. Auf die Bedeutung von innerer Ruhe, Ausgeglichenheit und Versenkung kamen wir schon im 4. Kapitel ausführlicher zu sprechen. Großartiges haben dazu Joga und Zen zu bieten. Soweit sie dazu verhelfen, bewußter, sensibler, aber auch engagierter und sozialer zu leben, lohnen sie großen Aufwand an Zeit und Mühe reichlich.
Hinduismus und Buddhismus unterscheiden sich von den sogenannten prophetischen Religionen (Judentum, Christentum, Islam) freilich durch eine grundlegend andere Weltsicht und Lebenseinstellung. Sie betrachten alles Leben als bloßes Leiden; es hat keinen Wert in sich, sondern muß überwunden, ausgelöscht werden. Durch eine Art »Seelenprägung« (Karma), die durch gute wie

schlechte Taten innerhalb eines Lebens entsteht, kommt es aber zu einer Kette von Wiedergeburten (Samsara), die das Leiden des Lebens nur verlängert, bis es einmal, vor allem durch Vervollkommnung in der Meditation, gelingen mag, jede Seelenprägung zu löschen und ins unpersönliche, unbeschreibbare All-Eine einzugehen, das »Brahman« bzw. »Nirvana« genannt wird.

Unterschiedlich gegenüber prophetischen Religionen ist auch die Gottesauffassung. Für Hindu und Buddhist ist die Gottheit letztlich identisch mit dem unpersönlichen All-Einen. Dieses kann sich jedoch in unzählen Erscheinungsformen zeigen, in Gestalt von Menschen, Tieren, Pflanzen, Naturelementen, Geistern oder Dämonen. Die Welt der Erscheinungsformen ist aber keine absolut wirkliche, sondern nur eine vorläufige, ja, eine Welt der Täuschung. Jede Unterscheidung von Subjekt und Objekt ist Trug. »Tat tvam asi!« – »Das bist du!« So lautet der Schlüsselsatz von Hinduismus und Buddhismus.

Alles ist mit allem identisch. Ist erst die letzte Stufe der Versenkung erreicht, so sind alle Schranken des Individuums überschritten; es geht im All-Einen auf wie ein Tropfen im Ozean. Ich und Du, das sind nur Vorstufen auf dem Weg zum einzig wirklichen »Es«.

Auf dieser Grundeinstellung zur Wirklichkeit basiert (vor allem im Buddhismus) eine hochstehende Ethik. Zu ihren Werten gehören Gewaltlosigkeit, Toleranz, Selbstlosigkeit, Güte und – für uns heute besonders aktuell – Rücksicht auf alles Leben in der Natur. Vergleicht man Christentum und Buddhismus im Hinblick auf die Wirkungsgeschichte, dann erscheint ersteres als weitaus unfriedlicher, zerstörerischer, ja »unchristlicher«: Man kann durchaus von Buddha lernen, ein besserer Christ zu werden!

Aber auch den unüberbrückbar erscheinenden Graben zwischen den westlichen und den östlichen Religionen, die man auch die »mystischen« nennt, sollte man bedenken. Kann es wirklich sein, daß Gott nur ein unpersönliches »Es« ist, Personalität aber, die Beziehung von Ich und Du, nur leerer Schein? Wäre dem so, müßte dann nicht auch jede Form der Liebe nur vorläufig sein, bestenfalls Mittel zum Zweck? Andererseits gilt die menschliche Denkkraft, die Fähigkeit, über sich selbst und die Wirklichkeit reflektieren zu

können, als bisher höchste Stufe der Evolution. Denkkraft, Bewußtsein und Personalität, Eigenschaften, die zusammengehören, kommen aber nach dem Glauben von Hinduismus und Buddhismus der Gottheit nicht zu. Steht diese dann aber noch auf höherer Stufe als der Mensch?
Sich mit anderen Religionen zu beschäftigen heißt, Gemeinsamkeiten *und* Unterschiede zu sehen, heißt, lernbereit zu sein, aber das eigene Fundament und den eigenen Weg nicht einfach aufzugeben, wenn etwas anderes auf den ersten Blick verlockender erscheint.

Versöhnung

Es wird ein großer Stern in meinen Schoß fallen …
Wir wollen wachen die Nacht,

In den Sprachen beten,
Die wie Harfen eingeschnitten sind.

Wir wollen uns versöhnen die Nacht –
So viel Gott strömt über.

Kinder sind unsere Herzen,
Die möchten ruhen müdesüß.

Und unsere Lippen wollen sich küssen,
Was zagst du?

Grenzt nicht mein Herz an deins –
Immer färbt dein Blut meine Wangen rot.

Wir wollen uns versöhnen die Nacht,
Wenn wir uns herzen, sterben wir nicht.

Es wird ein großer Stern in meinen Schoß fallen.

Else Lasker-Schüler

Der Beitrag der Philosophie

Eine Gefahr bergen alle Religionen in sich: die Versuchung, sich absolut zu setzen, als hätten sie die einzig mögliche Wahrheit zu lehren. Hier steckt der Keim von Intoleranz und Fanatismus.

Religionen brauchen daher auch ein kritisches Gegenüber. Sie bedürfen der Herausforderung durch die Vernunft – und der Bescheidenheit jenes Sokrates, der von sich sagte: »Ich weiß, daß ich nichts weiß.«

Das heutige Christentum wäre nicht denkbar, hätte nicht an seinem Anfang ein solches Gegenüber gestanden: der Geist der Antike, die griechische Philosophie. Sie ist neben Monotheismus und Ethik des Judentums die zweite Grundlage der europäisch-abendländischen Kultur.

Vieles, was heute noch unser Denken herausfordert, Grundfragen des Daseins, deren Lösung immer wieder neu zu suchen ist, sie wurden schon von griechischen Philosophen formuliert und überdacht. Aristoteles sagte, die Philosophie sei aus dem Staunen entstanden, aus dem Staunen über die Wirklichkeit und darüber, daß überhaupt etwas ist und nicht vielmehr nichts. Damit aber haben Philosophie und Religion einen gemeinsamen Ursprung. Mögen sich auch ihre Antworten unterscheiden, so sind sie doch zugleich zum Dialog aufgefordert.

Nicht alles freilich, was griechische Philosophen lehrten, darf Wahrheit beanspruchen. Griechische Philosophie ist äußerst vielfältig; ihre verschiedenen Vertreter und Schulen bekämpften sich oft – freilich mit Argumenten. Sokrates (469-399 v.Chr.) und seine Anhänger lehrten sogar, der Mensch könne sich der Wahrheit nur annähern, sie aber nie erreichen – ein Grundsatz, der auch den Religionen ins Stammbuch geschrieben sei! Zum anderen entwickelten einige Philosophen zwar faszinierende Ideen und Theorien; diese aber bargen mitunter auch große Gefahren.

Vor allem auf Platon (427-347 v.Chr.) läßt sich eine Weltsicht zurückführen, die den menschlichen Körper nur als »Grab der Seele« betrachtete. Wertvoll ist demnach nur der Geist; das Materielle aber und die menschlichen Leidenschaften sind minderran-

In der Flucht
welch großer Empfang
unterwegs –

Eingehüllt
in der Winde Tuch
Füße im Gebet des Sandes
der niemals Amen sagen kann
denn er muß
von der Flosse in den Flügel
und weiter –

Der kranke Schmetterling
weiß bald wieder vom Meer –
Dieser Stein
mit der Inschrift der Fliege
hat sich mir in die Hand gegeben –

An Stelle von Heimat
halte ich die Verwandlungen der Welt –

Nelly Sachs

Zum Schluß: Liebe Leserin, lieber Leser!

Vielleicht haben Sie dieses Buch mit gemischten Gefühlen gelesen. Mag sein, daß Sie darin den einen oder anderen Gedanken fanden, der Ihnen bisher so noch nicht gekommen war, oder daß Sie einige Antworten auf Fragen erhielten, die Sie sich schon lange gestellt hatten. Vielleicht aber sind Sie mehr noch enttäuscht – weil die Geschichte der jungen Leute so abrupt, mitten in der Auseinandersetzung endet oder Ihnen die gebotenen Informationen zu knapp bemessen erschienen und Sie das Bedürfnis empfanden, länger bei einem Thema zu bleiben.

Diese Enttäuschung war allerdings von Anfang an beabsichtigt! Denn nun mögen Sie sich selbst auf die weitere Suche begeben, mögen Sie stärker als zuvor sensibilisiert sein für die Fülle und Tiefe der Fragen, die mit der religiösen Dimension der Wirklichkeit – oder besser: mit unserer ganzen Existenz – verbunden sind. Das Buch wollte nur Augen und Ohren öffnen helfen, die nach außen wie die nach innen gerichteten. Zu allen angesprochenen Themen steht ja (neben mancherlei Rundfunk- und Fernsehsendungen) eine unübersehbare Menge an Literatur zur Verfügung, von guter und weniger guter freilich. Sie brauchen nur in eine größere Buchhandlung zu gehen und die entsprechenden Regale abzusuchen. Etliche Kriterien, nach denen Sie Gedrucktes einordnen und werten können, haben Sie, wie ich hoffe, spätestens durch dieses Buch erhalten. Es sollte Ihnen helfen, Weichen zu stellen; die Reise, Ihre ganz persönliche Lebensreise, will und kann es Ihnen nicht abnehmen.

Wer sich ernsthaft mit der religiösen Dimension beschäftigt, macht im Laufe seines Lebens mannigfaltige Wandlungen durch: Wir können als Fünfzigjährige nicht genauso glauben wie als Zwanzigjährige. Ebenso wie wir Jahr für Jahr Erfahrungen sammeln und daran lernen, soll auch die Beziehung zu jenen ersten und letzten Fragen aller Wirklichkeit reifen (ohne daß wir damit freilich je an ein Ende kommen können).

Vielleicht hatten Sie den Eindruck, ich hätte recht einseitig für das Christentum Stellung bezogen. Ich glaube aber, daß er in dem Moment schwinden wird, in dem Sie selbst ehrlich versuchen, mit dem Glauben an den Liebesgott zu leben. Dies ist, wie gesehen, nicht einfach. Immer wieder werden Zweifel hochkommen, ob es wirklich eine endgültige Liebe gibt, die alles Böse, alles Unheil überwindet. Gerade im Zweifel freilich wird uns die Unzulänglichkeit unseres Verstandes bewußt. Und jeder, der tiefer nachdenkt, findet sich irgendwo (und mit wechselndem Abstand) zwischen zwei Polen: zwischen begründeter Zuversicht und radikaler Verneinung der Gottesfrage. Ein Narr, wer meinte, unerschütterlich auf einem der beiden ausruhen zu können! Die Frage nach dem letzten Sinn gestattet keine billige Sicherheit, keine »schreckliche« Vereinfachung. So ist es mit allen wesentlichen Dingen: Unsere Lebenszeit reicht lange nicht aus, um ihnen auch nur annähernd auf den Grund zu kommen. Auch dies ist ein Hinweis auf Transzendenz!

Ein kleiner Trost zum Schluß: Beim Versuch zu glauben steht keiner allein. Keiner hat seinen Glauben einfach für sich erfunden, zuerst mußte er von anderen davon erfahren. Und überhaupt: Religion, Glaube, Christsein – sie schaffen Gemeinschaft. Nicht jeder muß darin in gleicher Weise fest und tief »gläubig« sein. Soviele Menschen, so viele Unterschiede. Wohl aber sind wir alle miteinander auf dem Weg, mit unruhigem Herzen, bis es einmal Ruhe findet am Ziel:

in Gottes unbeschreibbarer, unerschöpflicher Liebe.

Ihr